「できる!」経理担当者入門

一夜漬け消費税

第4版

Emiko Kanai

金井 恵美子

税務経理協会

第 4 版発行にあたって

　本書は，平成25年に，新たに社会人となる人の応援歌を自負して刊行し，その後，二度の改訂を行いました。

　この度は，令和元年10月1日の軽減税率の導入と令和5年10月1日のインボイス制度への移行に対応するため，第4版の発行となりました。

　単一税率制度から複数税率制度への変更及びインボイス制度への移行は，平成元年の消費税法創設以来の大改革となります。

　消費税は，対象を選ばずにすべての消費支出に一つの税率で課税することにより，公平な負担を実現します。シンプルであればあるほど公平負担の要請に応えるという性質を持っており，軽減税率の導入は，その特長を後退させるものです。制度のあり方を考えるうえで，決して望ましいものではありません。

　しかし，税率引上げの痛税感を緩和するために，令和元年10月1日から軽減税率が導入されました。

　こうした点も踏まえ，現行の消費税についてわかりやすく解説しています。

　本書が，消費税の入門書として，みなさまのお役にたてば幸いです。

　第4版の発行にあたり，校正の池原佳成子さん，編集の大川晋一郎さんに心から感謝申し上げます。

　令和元年11月1日

金井　恵美子

1

はじめに

　消費税はあらゆる取引に関係します。経理担当者にとっては，簿記と同様に消費税の知識は欠かせないものです。上司や同僚との打ち合わせで消費税が話題になったとき，頭の中が？だらけではお話になりません。せめて上司との会話が成り立つくらいの基礎知識があれば，新人経理担当者の不安はずいぶん取り除かれるでしょう。

　しかし，新しい部署に配属されたときは，覚えなければならないことがたくさんあって，消費税について勉強する時間を確保するのもたいへんです。もしもそれを，一夜漬けで得られたら…。

　本書は，そのために作った消費税実務の入門書です。

　明日の会議の席で，明日の上司との面談で，必要な消費税の基礎知識を，一夜で読み切ってしまえる深度と分量にまとめています。

　第1章は，消費税の性質や目的，基本構造を説明しています。

　なぜこの国に消費税があるのか，なぜ事業者が申告をするのか，税率アップの予定はどうなっているのか，それについての政治的な動きはどうであったのか，益税問題とはなにか，消費税について語れる知識をコンパクトにまとめてあります。

　第2章以降は，現行消費税法の具体的な解説です。各セクションには，冒頭に「5分間レクチャー」というコーナーを設けています。もしあなたが，差し迫った状態にあるなら，まず，ここを読んで下さい。会議の5分前に読んでしまえるそのテーマの概要です。

　税法は，法律の中でも極めて複雑で難解です。多くの知識と経験に裏付けられた正しい解釈が求められます。できる経理担当者は，日々，研鑽していくことでしょう。そう，近い将来，会社になくてはならない人材，一流の経理担当者になるであろうあなたに，その入り口で一夜だけ手にとって頂きたい，本書は，そのような入門書です。

　本書の発行にあたり，イラストの松木聖子さん，校正の池原佳成子さん，編集の山本俊さんに心からお礼を申し上げます。

　平成25年2月1日

　　　　　　　　　　　　　　　　　　　　　　　　　金井　恵美子

2

【制度の概要】

項　　目	制　度　の　概　要	
納 税 義 務 者	① 国内取引……事業者（法人及び個人事業者） ② 輸入取引……輸入する者	
課 税 の 対 象	① 国内取引……国内において事業者が行う資産の譲渡等 ② 輸入取引……輸入貨物	
非　　課　　税	① 税の性格上，課税の対象としてなじまないもの 　　……土地の譲渡・貸付け，有価証券等の譲渡，金融・保険，行政サービス等 ② 社会政策的配慮に基づくもの 　　……医療，社会福祉事業等，学校教育，助産，埋葬・火葬，身体障害者用物品の譲渡・貸付け等，教科用図書の譲渡，住宅の貸付け	
免　　　　税	輸出取引及び輸出類似取引	
課 税 標 準	① 国内取引……課税資産の譲渡等の対価の額 ② 輸入取引……輸入の際の引取価格	
税　　　　率	H元.4.1～H9.3.31…3％（国税） H9.4.1～H26.3.31…5％（国税4.0％，地方税1.0％） H26.4.1～R1.9.30…8％（国税6.3％，地方税1.7％） R1.10.1～……標準税率10％（国税7.8％，地方税2.2％） 　　　　　　　軽減税率8％（国税6.24％，地方税1.76％）	
納付税額の計算	① 国内取引 　納付税額＝課税標準額に対する税額 　　　　　＋控除過大調整税額 　　　　　－控除対象仕入税額 　　　　　－返還等対価に係る税額 　　　　　－貸倒れに係る税額	② 輸入取引 　納付税額＝引取価格×税率
申 告 ・ 納 付	① 国内取引 　個人事業者は翌年の3月末日までに，法人は課税期間の末日の翌日から2ヶ月以内に申告・納付（中間申告は，年1回，年3回，年11回の3種類） ② 輸入取引 　保税地域からの引取りの際に申告・納付	
中小事業者の特例	① 事業者免税点制度 　基準期間における課税売上高及び特定期間における課税売上高が1,000万円以下の事業者は，納税義務が免除される※。 ② 簡易課税制度 　選択（届出）により，基準期間における課税売上高が5,000万円以下の課税期間については，売上げに係る税額にみなし仕入率を乗じた金額を仕入税額とすることができる。	

※　法人の設立第1期，第2期については，資本金の額等が1,000万円以上である場合及び特定新規設立法人に該当する場合は，納税義務は免除されません。合併や分割，個人事業者の相続について，特別な取扱いがあります。

CONTENTS

第3章 | 課税される取引・課税されない取引 …………**45**

第6章	仕入れの消費税額の特例 （非課税資産の輸出取引等と国外移送） …………… **135**

第7章	仕入れの消費税額の調整 （棚卸資産又は固定資産に係る調整） ………… **139**

第8章	簡易課税制度 ……………………………… **147**

【凡　例】

　参照　では，慣例に従い，法令及び国税庁基本通達を，例えば，消費税法は「消法」，消費税法施行令は「消令」，消費税法施行規則は「消規」，消費税法基本通達は「消基通」と，略して示しています（例：消法2①…消費税法第2条第1項）。

また，次の略語を使用しています。

新消法…所得税法等の一部を改正する法律（平成28年法律第15号）及び所得税法等の一部を改正する法律（平成30年法律第7号）による改正後の消費税法

税制抜本改革法…社会保障の安定財源の確保等を図る税制の抜本的な改革を行うための消費税法の一部を改正する等の法律

転嫁対策特別措置法…消費税の円滑かつ適正な転嫁の確保のための消費税の転嫁を阻害する行為の是正等に関する特別措置法

軽減通達…消費税の軽減税率制度に関する取扱通達

総額表示通達…事業者が消費者に対して価格を表示する場合の取扱い及び課税標準額に対する消費税額の計算に関する経過措置の取扱いについて

軽減概要QA…消費税の軽減税率制度に関するQ&A（制度概要編）

軽減個別QA…消費税の軽減税率制度に関するQ&A（個別事例編）

インボイス通達…消費税の仕入税額控除制度における適格請求書等保存方式に関する取扱通達

インボイスQA…消費税の仕入税額控除制度における適格請求書等保存方式に関するQ&A

本書は，令和元年11月1日現在の法令に準拠しています。

第1章

消費税の基本的な仕組み

1 消費税の役割

■**Point**
■特定の物品に課税する物品税から，広く薄くすべての消費に課税する消費税へ
■「水平的公平」と「世代間の公平」を確保する

1 物品税から消費税へ

　消費税創設前，間接税の中心であった物品税は，いわゆる贅沢品に重く課税する税でした。しかし，消費の大きくかつ急速な変化に即応して課税物品とその税率を設定するということができず，税制の公平性，中立性の観点から問題が指摘されていました。たとえば，コーヒーは課税で紅茶は非課税，ストーブは課税でこたつは非課税，ケヤキのタンスは課税で桐のタンスは非課税，といった具合です。課税するものを特定するため，執行面でも煩雑な判断と処理が必要で，しかも，サービスを課税の対象としないため消費のサービス化にはなす術がなく，税収は低迷していました。

　そこで，物品税を廃止して，すべての消費を課税対象とする消費税に移行したのです。すべてに一本の税率で課税する制度は簡素であり，税務行政側と納税義務者側との両面でコストが少ないと評価されます。消費税は，消費の動向にかかわりなく低い税率で多くの税収を確保することができ，歳入の安定化に役立つ税として誕生しました。

2 水平的公平

　税負担の公平を考えるとき，「水平的公平」と「垂直的公平」の2つの公平が挙げられます。「水平的公平」とは，税負担の能力が等しい者には同じ負担を求めることが公平であるという考え方であり，「垂直的公平」とは，税負担の能力が小さい者には負担を少なく，能力の大きい者にはより多くの負担を求めることが公平であるという考え方です。

　等しい消費（支出）に等しい税が課税される消費税は，水平的公平の要請に応える

2

税です。価格が同一であれば同一の負担額となるので，商品やサービスの価格に中立であるといえます。

　他方，垂直的公平の要請に応えるのは所得税です。ただし，1年ごとに所得を測定する暦年課税であるため，長期間安定的に所得を獲得する場合と，一時期に集中して所得を獲得する場合とでは，生涯の所得が同じであってもその税負担に大きな差が生じます。消費税には，これを緩和する効果があると評価されることもあります。

③　世代間の公平

　消費税は，世代間の公平に優れた税であるとされています。所得を稼ぐ現役世代に負担が集中せず，若者から高齢者まで国民全体で広く負担する消費税は，高齢化社会における社会保障の財源にふさわしいと考えられています。

④　消費税の役割

　消費税には，すべての消費に均一に課税するという性質によって暦年による累進課税を行う所得税の弱点を補い，税制全体の中で公平，中立，簡素の要請に応えつつ多くの税収を確保するという機能を発揮することが期待されています。

　「⑦　逆進性とは何か」では，消費税には逆進性の問題があることに触れていますが，むしろ，累進的でないという特徴をもつ租税であるからこそ，その存在に意味があり，その役割を果たすことができると考えられます。

　消費税の税率が上がり，負担が増す中では，逆進性が税制全体又は財政全体の中でどのように解決されるかという視点とは別に，低所得者の生活を守るための施策をどのように講じるかが，最も重要な課題であるといえるでしょう。

消費税は，
すべての消費に均一に課税することで，
水平的公平を確保する役割を果たしています。

2 　消費税のこれまでを振り返ってみると

> ■**Point**■■■■■■■■■■■■■■■■■■■■■■■■■■■■■■■■■■■■■■
> ■税率３％で誕生し，10％時代へ

1 　制度改革の足音

　戦後，日本の消費課税は，生活必需品には課税せず，贅沢品には重く税をかける物品税が中心でした。しかし，所得水準が上昇し，趣味，嗜好が多様化する中，狭い範囲の物品に限定された物品税が間接税の中心であることが疑問視され，昭和40年代から消費に対する課税について活発な議論がなされていました。また，税制調査会は，物品税等の個別消費税から一般消費税への転換を促す答申を公表していました。

※　「税制調査会」とは，首相の諮問機関であり，「答申」とは，税制調査会が首相の諮問に応え，今後の税制改正の方向性を示すために公表するものです。

2 　一般消費税の失敗

　昭和48年，日本経済はオイルショックを経験し，その財政状態は危機的状況と評価されました。そこで，多くの税収を得ることができる「一般消費税」が昭和55年度の導入を目指して検討され，大平内閣は繰り返しその必要性を説きました。しかし，国民の理解が得られず，実現しませんでした。

3 　売上税の失敗

　「一般消費税」の失敗の後も，税制改革についての議論の中で，税制調査会及び政府の考え方は，財政を立て直すためには大型間接税の導入が不可欠である，というものでした。中曽根内閣は，昭和62年２月に「売上税法案」を，国会に提出しました。しかし，昭和62年度予算の国会審議は予算委員会の空転や野党の牛歩戦術などにより混乱を極め，国会の閉会とともに売上税法案は廃案となりました。

４　黎明期の動き

　売上税法案廃案後も税制改革の議論は所得税の減税を急務として高まり，昭和62年９月には，改革に先行して所得税減税の改正が行われました。

　税制改革は，所得，消費，資産等に対する課税を適切に組み合わせることにより均衡がとれた税体系を構築するために行う，とされました。そのため，所得税，法人税，相続税及び贈与税の負担を軽減して，個別間接税制度が直面している諸問題を根本的に解決し，税体系全体を通ずる税負担の公平を図るとともに，国民福祉の充実等に必要な歳入構造の安定化に資するため，消費に広く薄く負担を求める消費税を創設する必要がある，とされたのです。

　税制調査会からは，大型間接税を待望する答申が次々に公表され，自民党は，昭和63年６月に「税制の抜本改革大綱」を公表します。これを受けて竹下内閣は，「税制改革要綱」を閣議決定し，11月，消費税法の創設を含む税制改革関連６法案を衆議院税制問題等特別委員会で強行採決，続いて本会議においても自民党の賛成多数で可決しました。参議院本会議においては，社会党と共産党が牛歩戦術をとった後に退席し，公明党，民主党が反対する中，自民党の賛成多数で可決成立しました。

　消費税法は，昭和63年12月に公布され，平成元年４月１日以後の取引について適用されています。

５　創設時の姿

　創設当時の消費税は，消費一般に広く負担を求める税としての性格から，税率は３％と定められ，非課税範囲は極めて限定したものとされていました。

　制度導入にあたっては，中小事業者に対して手厚い特例が設けられました。事業者免税点は3,000万円，簡易課税制度の適用上限は５億円でみなし仕入率は卸売業90％その他の事業80％です。また，その課税期間の課税売上高が6,000万円以下の事業者については，限界控除制度が適用され，納付税額が軽減されました。

６　制度の確立期

　平成３年には，消費税の逆進性を考慮して非課税枠を拡大し，制度の公平性確保の観点から，簡易課税の適用限度額を４億円に引き下げ，みなし仕入率を２区分から４

区分に細分化する等の改正が行われました。

7　税率引上げと地方消費税の創設

　消費税率を引き上げる改正法は，平成6年，連立政権である村山内閣において成立しました。消費税率を3%から4%に引き上げ，同時に地方消費税を創設して，国・地方を合わせた税率を5%とするものです。その後，再び与党となった自民党の橋本内閣によって閣議決定され，平成9年4月1日から税率引上げが実施されました。限界控除制度の廃止，簡易課税制度の適用上限額の引下げ等の改正も行われました。

　税率引上げの実施後，平成10年の参議院選挙において，自民党の議席は激減し，橋本首相は退陣を余儀なくされました。

8　事業者免税点の縮小

　平成15年度改正では，事業者免税点が3,000万円から1,000万円に引き下げられました。簡易課税制度の適用上限は平成6年の改正で2億円となっていましたが，さらに5,000万円に引き下げられました。

　また，総額表示の義務付け制度が創設されました。

9　大規模事業者に対して計算の適正化を求める

　平成23年度改正では，制度の適正化の観点から，仕入税額控除の95%ルールが見直され，大規模事業者については全額控除が適用されないこととなりました。

　また，事業者免税点制度について，新しい基準である特定期間が創設されました。

10　税率10%時代へ

　平成24年8月に成立した税制抜本改革法は，消費税収は，すべて国民に還元し，官の肥大化には使わないこととし，「年金，医療，介護，子ども・子育ての施策に要する費用」（社会保障四経費）の特定財源と定め税率を2段階で引き上げることとしました。

　消費税及び地方消費税の合計税率は，平成26年4月1日以後8%，令和元年10月1日以後は10%となっています（次頁参照）。

3 消費税の税率

Point
- ■「広く薄く」の考え方から，税率は３％でスタート
- ■平成９年４月１日から平成26年３月31日までは５％
- ■平成26年４月１日から令和元年９月30日までは８％
- ■令和元年10月１日以後は複数税率となり，標準税率10％，軽減税率８％

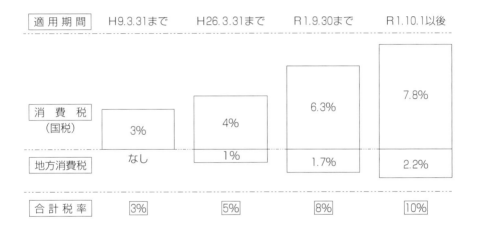

適用期間	H9.3.31まで	H26.3.31まで	R1.9.30まで	R1.10.1以後
消費税（国税）	3%	4%	6.3%	7.8%
地方消費税	なし	1%	1.7%	2.2%
合計税率	3%	5%	8%	10%

1 「広く薄く」の考え方から税率は３％でスタート

　消費税創設前，間接税の中心は，昭和12年以来の物品税でした。物品税は，生活必需品には課税せず，贅沢品には重く税をかけるというものです。しかし，生活水準が向上し，商品が多様化すると，贅沢品かどうかの判定自体が困難となり，税率の設定が複雑で，執行の難しい税となりました。しかも，消費のサービス化がすすむ中，サービスを課税対象としていないことも大きな問題でした。

　そこで，平成元年４月１日以後は，物品税に変わる消費税が導入されています。

　消費税は，物品税の教訓を生かし，「広く薄く」を考え方の基本として，すべての消費を課税の対象とし，創設当時の税率は単一の３％とされました。

ただし，普通乗用車の税率は，消費税創設時は６％，平成４年度から５年度までは4.5％とされていました。

２　平成９年４月１日から平成26年３月31日までは５％

　３％の税率でスタートした消費税ですが，税収の不足を補うため，平成９年４月１日から，４％に引き上げられました。同時に，消費税額に対し25％の税率（消費税率にして１％）で課税する地方消費税が創設され，国税である消費税と地方消費税とを合わせた税率は５％となりました。

３　平成26年４月１日から令和元年９月30日までは８％

　税制抜本改革法は，消費税等の税率（消費税と地方消費税とを合わせた税率）を５％から８％へ，８％から10％へ２段階で引き上げることを定めました。
　消費税率の引上げは，社会保障改革と一体的に実施する税制抜本改革の最大の柱として，社会保障財源を確保するために提案されたものです。財務省は，消費税率の引上げの理由について，次のように説明しています。

> 　今後，少子高齢化により，現役世代が急なスピードで減っていく一方で，高齢者は増えていきます。社会保険料など，現役世代の負担が既に年々高まりつつある中で，社会保障財源のために所得税や法人税の引上げを行えば，一層現役世代に負担が集中することとなります。特定の者に負担が集中せず，高齢者を含めて国民全体で広く負担する消費税が，高齢化社会における社会保障の財源にふさわしいと考えられます。
> 　　　　　　　　　　　　　　　　　　　　　　　（財務省ホームページより）

　８％税率は，平成26年４月１日から実施されました。

４　令和元年10月１日以後は10％（８％の軽減税率を導入）

　10％税率の施行日は，平成27年10月１日と定められていましたが，２度の延期を経て，令和元年10月1日となりました。
　また，平成28年度の税制改正において，飲食料品と新聞を対象資産とする軽減税率（８％）が創設されました。軽減税率は，当初は平成29年４月１日の施行を予定していましたが，標準税率10％の施行に合わせて令和元年10月１日の施行となりました。

4　主な税率の経過措置

> ■**Point**
> ■税率引上げにあたっては旧税率を適用する経過措置が設けられている

　消費税の税率の適用にあたっては，新税率の施行後においても旧税率を適用する経過措置が設けられています。

（出所）　国税庁ホームページ掲載の資料を筆者が加工

内　　　　容	適用関係
① 旅客運賃等 　31年施行日以後に行う旅客運送の対価や映画・演劇を催す場所，競馬場，競輪場，美術館，遊園地等への入場料金等のうち，26年施行日（平成26年4月1日）から31年施行日の前日までの間に領収しているもの	26年施行日（H26.4.1）／対価受領　31年施行日（R1.10.1）／入場等
② 電気料金等 　継続供給契約に基づき，31年施行日前から継続して供給している電気、ガス、水道、電話、灯油に係る料金等で、31年施行日から令和元年（2019年）10月31日までの間に料金の支払を受ける権利が確定するもの	R1.10.31／継続供給　権利確定
③ 請負工事等 　26年指定日（平成25年10月1日）から31年指定日（平成31年（2019年）4月1日）の前日までの間に締結した工事（製造を含みます。）に係る請負契約（一定の要件に該当する測量、設計及びソフトウエアの開発等に係る請負契約を含みます。）に基づき、31年施行日以後に課税資産の譲渡等を行う場合における、当該課税資産の譲渡等	26年指定日（H25.10.1）　31年指定日（H31.4.1）／契約　譲渡等
④ 資産の貸付け 　26年指定日から31年指定日の前日までの間に締結した資産の貸付けに係る契約に基づき、31年施行日前から同日以後引き続き貸付けを行っている場合（一定の要件に該当するものに限ります。）における、31年施行日以後に行う当該資産の貸付け	契約　貸付け
⑤ 指定役務の提供 　26年指定日から31年指定日の前日までの間に締結した役務の提供に係る契約で当該契約の性質上役務の	

提供の時期をあらかじめ定めることができないもので、当該役務の提供に先立って対価の全部又は一部が分割で支払われる契約（割賦販売法に規定する前払式特定取引に係る契約のうち、指定役務の提供＊に係るものをいいます。）に基づき、31年施行日以後に当該役務の提供を行う場合において、当該契約の内容が一定の要件に該当する役務の提供

＊ 「指定役務の提供」とは、冠婚葬祭のための施設の提供その他の便益の提供に係る役務の提供をいいます。

契約 ●————— 指定役務 ▲

---

⑥ 予約販売に係る書籍等

　31年指定日前に締結した不特定多数の者に対する定期継続供給契約に基づき譲渡する書籍その他の物品に係る対価を31年施行日前に領収している場合で、その譲渡が31年施行日以後に行われるもの（軽減対象資産の譲渡等を除きます。）

契約 ● 対価受領 ■ 定期供給 ▲ ▲

---

⑦ 特定新聞

　不特定多数の者に週、月その他の一定の期間を周期として定期的に発行される新聞で、発行者が指定する発売日が31年施行日前であるもののうち、その譲渡が31年施行日以後に行われるもの（軽減対象資産の譲渡等を除きます。）

指定発売日 ■ 譲渡 ▲

---

⑧ 通信販売

　通信販売の方法により商品を販売する事業者が、31年指定日前にその販売価格等の条件を提示し、又は提示する準備を完了した場合において、31年施行日前に申込みを受け、提示した条件に従って31年施行日以後に行われる商品の販売（軽減対象資産の譲渡等を除きます。）

31年指定日
（H31.4.1）

条件提示 ■　申込 ■　譲渡 ▲

---

⑨ 有料老人ホーム

　26年指定日から31年指定日の前日までの間に締結した有料老人ホームに係る終身入居契約（入居期間中の介護料金が入居一時金として支払われるなど一定の要件を満たすものに限ります。）に基づき、31年施行日前から同日以後引き続き介護に係る役務の提供を行っている場合における、31年施行日以後に行われる当該入居一時金に対応する役務の提供

26年指定日
（H25.10.1）

契約 ●　介護サービス ▲———→

---

⑩ 特定家庭用機器再商品化法（家電リサイクル法）に規定する再商品化等

　家電リサイクル法に規定する製造業者等が、同法に規定する特定家庭用機器廃棄物の再商品化等に係る対価を31年施行日前に領収している場合（同法の規定に基づき小売業者が領収している場合も含みます。）で、当該対価の領収に係る再商品化等が31年施行日以後に行われるもの

対価受領 ■ 再商品化等 ▲

※　上記以外にも、「リース譲渡に係る資産の譲渡等の時期の特例を受ける場合における税率等に関する経過措置」などの経過措置が設けられています。

5　諸外国の付加価値税の税率

　財務省は，「（出所）各国大使館聞き取り調査，欧州連合及び各国政府ホームページ等による。」として，次のような資料を公表しています。

【付加価値税率（標準税率及び食料品に対する適用税率）の国際比較】（2018年1月現在）

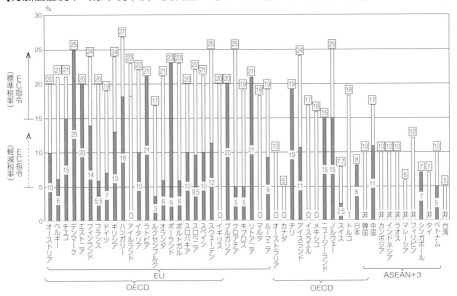

（備考）1．日本の消費税率8％のうち，1.7％相当は地方消費税（地方税）である。
　　　　2．カナダでは，連邦税である財貨・サービス税（付加価値税）に加え，ほとんどの州で州税として付加価値税等が課される（例：オンタリオ州8％）。
　　　　3．OECD加盟国のうちアメリカでは，売買取引への課税として付加価値税ではなく，州，郡，市により小売売上税（地方税）が課されている（例：ニューヨーク州及びニューヨーク市の合計8.875％）。
　　　　4．ASEAN加盟国のうちミャンマーでは，売買取引への課税として取引高税が課されている。また，ブルネイには売買取引に課される税が存在しない。
　　　　5．上記中，■が食料品に係る適用税率である。「0」と記載のある国は，食料品についてゼロ税率が適用される国である。「非」と記載のある国は，食料品が非課税対象となる国である。なお，軽減税率・ゼロ税率の適用及び非課税対象とされる食料品の範囲は各国ごとに異なり，食料品によっては上記以外の取扱いとなる場合がある。
　　　　6．EC指令においては，ゼロ税率及び5％未満の軽減税率は否定する考え方が採られている。ただし，1991年時点でこれらを施工していた国は，引き続き適用することができる。

6 益税問題とは何か

■**Point**
■益税とは国庫に納められるはずの税が事業者の利益になるもの
■免税事業者も仕入れに係る消費税額分の価額調整は必要
■簡易課税制度では益税が発生
■非課税事業で生じるのは益税か損税か

1 国庫に納められるはずの税が事業者の利益に

　消費税は，消費者から受け取った税を事業者が申告納付することを予定している間接税です。そのため，実際の取引に基づいて正確に計算された税額が納付されなければ，制度の趣旨に反し，国庫に納められるはずの税が事業者の利益となってしまう恐れがあります。このような問題を「益税問題」と呼んでいます。この，いわゆる益税が生じる原因は，①事業者免税点があること，②仕入れの消費税額について簡易な計算方式があることです。なお，不正行為によって事業者が税を納めないという問題がありますが，これは脱税であって，益税が生じることとは別の問題です。

2 免税事業者も仕入れに係る消費税額分の価額調整は必要

　消費税には，小規模事業者について，その申告及び納付を免除する制度があります。申告及び納付をしない免税事業者が，商品の価格に消費税を上乗せして販売すれば，益税が生じることになります。ただし，免税事業者も仕入れの際に消費税を支払っているので，価額の10％がそのまま益税になるわけではありません。

　たとえば，100円で仕入れた商品を200円で販売するとき，その仕入れについては消費税を含めて110円を支払います。免税事業者は仕入税額控除がないので，この商品の販売につき200円しか受け取らなければ，仕入れの消費税額の10円はその免税事業者の負担（損税）になってしまいます。したがって，免税事業者でも，仕入れの消費税額に見合う販売価額の調整が必要です。

③　簡易課税制度では益税が発生

　中小事業者には，仕入れの消費税額について，簡易課税という計算が認められています。

　簡易課税制度は，売上げの消費税額の一定割合を仕入れの消費税額とみなす方法です。この方法により計算した控除額が，実際の課税仕入れ等をもとに計算した控除額より大きければ，その差額は益税となります。

　また逆に，実際に生じた課税仕入れ等による控除額の方が大きければ事業者が負担する部分が生じますが，ここで生じる負担は，事務手数を省略するためのコストと評価されます。

④　立場の弱い事業者には損税が生じる恐れが

　消費税は，商品等の販売価額に税を上乗せして取引することを予定していますが，現実には，競争原理が働く市場が取引価額を決めるものです。

　たとえば，消費税分を値引きして商品を販売した場合であっても，納付する税額の計算においては，その値引き後の取引額が税込売上高となります。したがって，結果的に事業者は，利益の一部を削って納税することになります。

　ただし，転嫁対策特別措置法は，「消費税分を値引きします」といった広告を禁じています。

⑤　非課税事業で生じるのは益税か損税か

　非課税事業については，益税が生じるか，損税が生じるか，評価の分かれるところです。

　消費税は，売上げの消費税額から仕入れの消費税額を控除して納付する税額を計算しますが，非課税売上げのために行う課税仕入れは控除の対象から除かれます。

　たとえば，土地を2,000万円で購入，1,000万円をかけて造成工事をし，3,000万円で売却したとします。この事業の利益は，プラスマイナスゼロです。ところが，土地の造成工事は課税取引ですから，別途消費税100万円がかかります。この消費税額は，土地の売却という非課税売上げのためのものですから，控除することができず，事業者が身銭を切って支払うことになります。身銭を切るのが嫌なら，土地を3,100万円

13

で売却する必要があります。

　医業においては，薬品や医療機器の購入は課税仕入れですが，診療報酬は非課税売上げです。介護事業，住宅の賃貸事業なども売上げは非課税ですから，控除することができない仕入れの消費税が生じる事業です。これらの非課税は，消費者に税の負担を求めることが難しいため，政策的な配慮から非課税とされたものです。それならば，その配慮による不利益は課税権者（国等）が引き受けるべきであり，事業者の負担に付け替えるのはおかしいのではないか，そう考えると，控除できない仕入れの消費税はすべて損税ということになります。

　これとは逆に，非課税事業においては益税が生じるという考え方もあります。

　非課税売上げが少なく事業規模が比較的小さい事業者には，仕入れの消費税額の計算において，控除できない金額をないものとする全額控除が認められます（95％ルール）。事業規模が大きい事業者についても，一括比例配分方式によれば，仕入れの1つ1つについて控除できない消費税額を正確に計算しないことになります。非課税売上げのためにする課税仕入れについては控除しない，という現行法の考え方に照らせば，このような計算によって控除することができる税は，益税ということになります。

6　輸出戻し税は益税か

　輸出事業においては，経常的に「輸出戻し税」が生じます。

　商品の輸出販売については，国外に商品を送り出すにあたって，日本の消費税の負担をすべて取り除く措置，輸出免税の取扱いを受けます。すなわち，その売上げには課税しない一方で，その仕入れにかかった消費税額を控除の対象とするのです。たとえば，税込110円（税率10％）で仕入れた商品を200円で輸出販売するとき，仕入れの消費税額10円は控除の対象となり還付されます。

これを「輸出戻し税」と呼んでいます。

　輸出品は，輸出した先の国において，その国の消費税の課税対象になりますから，輸出品に日本の消費税を課税すると二重課税になってしまいます。「輸出戻し税」は，単なる益税ではなく，国家間の課税権の調整によるものということができます。

益税の問題は
むずかしい…

7 逆進性とは何か

■Point■

■消費税は所得の少ない人ほど負担率が高くなる

■消費税の逆進性は税制全体，財政全体の中で解決するべき

1 所得税の累進性

　所得税の税率は，所得のうち195万円までの部分については 5 ％ですが，段階的に高くなり，最高税率は45％とされています。所得金額の高い部分にはより高い税率が適用される超過累進税率の仕組みです。

　このように税を負担する力が大きい人には，より多くの税を負担してもらうことが公平な税のあり方であり，それゆえ，税には所得の再分配機能があるとされています。

2 消費税の逆進性

　これに対し，消費税の税率構造は，金額の大きさにかかわらず一律の税率を適用する比例税率です。消費税を負担する消費者の立場に立ってみると，所得が少ない場合にはそのうち多くの部分を消費に充てなければならないので，所得に対してより高い割合で消費税を負担することになります。このような現象を「税の逆進性」といいます。

●100万円の所得の全部を消費に充てて，10%の消費税を負担した場合 ⇩ 所得に対する負担率は10％	●1,000万円の所得の半分を消費に充てて，10%の消費税を負担した場合 ⇩ 所得に対する負担率は 5 ％

所得が少ない人のほうが，負担率が高くなる

⇩

消費税には逆進性がある

この逆進性を緩和することを目的の一つとして，税率10%への引上げに合わせて，軽減税率が導入されました。ただし，軽減税率による逆進性緩和の効果は極めて小さく，軽減税率には様々な問題が指摘されています（33頁参照）。

❸　所得税と消費税のバランス

　一つの税目について生じる逆進性を問題にするのは，木を見て森を見ない議論といえます。公平な負担と適正な再分配が行われているかどうかは，税制全体・財政全体において検討しなければなりません。

　消費税の逆進性は，所得税の累進制によってカバーされるべきものです。

　また逆に，消費税は所得税の短所をカバーします。所得税は，暦年課税であるため，長期間安定的に所得を獲得する場合と一時期に集中して所得を獲得する場合とでは，生涯の所得が同じであってもその税負担に差が生じますが，比例税にはこれを緩和する効果があるといえます。所得に対する課税と消費支出に対する課税とのバランスが重要です。

　消費税は，所得税の累進性とバランスし，社会保障給付の財源となって再分配に奉仕するものであると評価するべきでしょう。

個別の税の逆進性を問題にするのはナンセンス
税制・財政全体のバランスを評価するべき

8　給付付き税額控除とは何か

> **■Point■**
> ■税の申告で現金給付
> ■政府による具体的検討はされていない

1　税の申告で現金給付

　給付付き税額控除とは，所得税の計算において，所定の税額控除を行い，納税額が控除額以下の人には，控除額に見合った金銭の給付を行うという制度です。

　税の再分配機能を強化し，勤労税額控除として労働インセンティブを高めたり，児童税額控除として子持ち家庭への経済的支援を行ったりすることが可能といわれています。アメリカ，イギリスは，勤労税額控除及び児童税額控除を採用しており，カナダでは，低所得者全般を対象に消費税（GST）の負担軽減を図るGST控除を採用しています。

2　政府による具体的検討はされていない

　低所得者にターゲットをしぼって給付金を渡す給付付き税額控除は，低所得者対策としては，軽減税率よりも優れていると評価するのが，研究者の多数意見です。しかし，前年の所得を基準とするのでタイムリーな救済とはいえず，不正受給の問題もあり，社会保障制度に加えて給付付き税額控除を導入しなければならない必然性には疑問もあります。

　給付付き税額控除は，軽減税率の対案として税制抜本改革法に記載されましたが，軽減税率の導入が法制化されて以後，政府は検討の対象としていません。

9 消費税の仕組み

■**Point**
■消費に対して広く薄く税金をかける
■申告納付するのは，買った人ではなく売った人
■納付する税額は売上げの税額から仕入れの税額を差し引く

1 基本的な考え方は広く薄く

消費税は，消費支出にかかる税金です。

消費支出とは，物を買ったり，サービスの提供を受けたりするためにお金を払うことです。消費税は，「自分で使うために物を買うお金があるなら，それと同時にいくらかの税金を負担してください」という考え方から作られた税金です。

2 消費者は申告しない

税金を負担する者と，現実に申告・納付する納税義務者とが異なることを予定して設計された税を「間接税」と呼びます。

消費税は，消費支出を行う消費者が税金を負担するように考えられた税金ですが，消費者は消費税の申告をしません。消費税は，物を買った人が税務署に直接納めるのではなく，物を売った人つまり事業者が，買った人から税金を受け取って，それを集計し，税務署に納めることを想定しています。

「間接税」といわれる所以ですね。

3 申告するのは事業者

消費税は，事業者が申告・納付します。申告・納付をする義務がある者を「納税義務者」といいます。消費税は，事業者を納税義務者として，その売上げに課税します。

事業者は，商品の販売やサービスの提供を行う場合に，それが消費者に対して行ったものであるかどうかを確認する必要はありません。取引の相手方が誰であるかにか

かわりなく，事業者の売上げには消費税が課税されます。

| 国内の消費に課税する | → 申告・納付するのは消費者ではなく事業者 | 事業者の売上げに課税する |

4 税負担の転嫁の仕組み

　事業者は，物を売ったりサービスの提供をしたりするたびに，顧客から消費税を受け取ります。仕入れや経費については，他の事業者から購入する際に，消費者ではないのに消費税を払うことになります。

　そこで，事業者は，売上げの消費税額から仕入れの消費税額を差引計算し，その差額だけを税務署に納めます。

　これは，最終消費者が負担する消費税を，その商品が消費者に届けられるまでにかかわった各事業者が手分けして納付する仕組みです。

＜税率10％の取引＞

　上の図で，卸売業者は，4,000円の売上げにつき売上げの消費税額が400円，3,000円の仕入れにつき仕入れの消費税額が300円生じます。納付税額は，400円から300円を差し引いた100円です。

　各事業者が納付した消費税額の合計額は，最終的に消費者が負担した消費税額と一致します。

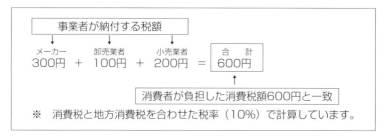

```
┌─────────────────────────┐
│   事業者が納付する税額    │
└─────────────────────────┘
   メーカー    卸売業者    小売業者      ┌─合  計─┐
   300円  +  100円  +  200円  =  │ 600円 │
                                      └────────┘
           ┌──────────────────────────────────┐
           │ 消費者が負担した消費税額600円と一致 │
           └──────────────────────────────────┘
  ※  消費税と地方消費税を合わせた税率（10％）で計算しています。
```

　理論上，消費税は企業利益に影響しないものと説明されています。

　事業者は，売上げに上乗せした消費税額から仕入れの際に支払った消費税額を控除して納付税額を計算するので，消費税を納めても利益の額は変わらないからです。前頁の例では，卸売業者の利益は，消費税があってもなくても，4,000円−3,000円＝1,000円となります。

　このように，「消費者が負担した税を事業者が納税する」ことを予定している消費税ですが，商品の値決めにあたっては，消費税の負担を価格に転嫁できない場合もあります。売上げに転嫁できない場合には，事業者は利益の中から消費税を捻出しなければなりません。特に中小事業者においては，事業者自身が消費税を負担する結果となっているのではないかと懸念されます。

　転嫁の仕組みが適正に機能するよう，転嫁対策特別措置法が定められ，平成25年10月１日から施行されています。

売上げに消費税額を上乗せするんですね。

そうね。税額を上乗せすることができなければ利益が圧縮されてしまうわ。

10　事業者が納付する税額の計算

> ■Point
> ■納付する税額は，売上げの消費税額から仕入れの消費税額を控除
> ■売上げの消費税額より仕入れの消費税額のほうが多ければ還付

1　売上げの消費税額から仕入れの消費税額を差引計算

　納付する税額は，売上げの消費税額から仕入れの消費税額を控除して計算します。

　　　　売上げの消費税額　−　仕入れの消費税額　=　納付すべき消費税額

　また，課税売上げについて値引き等があった場合や貸倒れがあった場合には，その分の税額も控除します。実際に売上代金を受け取らなかった取引について，売上げの消費税額を修正する必要があるからです。ただし，貸倒れ処理をしたものについて，後に代金を回収することができれば，あらためて，その分の消費税額を納付する計算を行います。さらに，仕入れの消費税額を計算する過程で，納付すべき消費税額を増加させる調整額が計算されることもあります。

2　控除税額の方が多ければ還付申告

　売上げの消費税額から控除税額を控除して控除しきれない金額があるとき，すなわち，売上げの消費税額から仕入れの消費税額等を差し引いた答えがマイナスになるときは，その控除しきれない金額は，還付税額となります。

答えがプラスなら納付
マイナスなら還付

売上げの税額から
控除するのは，
　①　仕入れの税額
　②　売上げ値引き等の税額
　③　貸倒れの税額
加算するのは，
　①　貸倒れ回収の税額
　②　仕入れの税額の調整額

11 輸入にも消費税が課税される

> ■**Point**■■■■■■■■■■■■■■■■■■■■■■■■■■■■■■■■■■■
> ■物を輸入すると税関で消費税が課税される
> ■事業者が税関で支払った消費税は国内消費税の計算で控除できる

1 物を輸入すると税関で消費税が課税される

国外から日本国内に貨物を運び入れることを「輸入」といいます。

貨物を輸入する場合には，税関で通関手続きを行わなければなりません。通関手続きを行って貨物を保税地域から引き取る際には，関税と併せて，消費税が課税されます。輸入された貨物は，その後，国内で消費されると考えられるからです。

輸入の消費税は，事業者であるかどうかにかかわりなく，その外国貨物を保税地域から引き取る者が，その引取りの際に申告・納付します。

国内の消費に 課税する	──輸入した貨物は国内で消費されるから──→	輸入する貨物に 課税する

2 事業者が税関で支払った消費税は国内消費税の計算で控除できる

輸入品を国内で販売する事業者は，売上げの消費税額から，税関で支払った消費税額を控除することができます。税関で支払った消費税は，仕入れの消費税となるのです。

事業のために使用する備品等を輸入した場合も，その消費税額は控除することができます。

12 仕入税額控除の要件

参照　28年改正法附則1九，34②／新消法30①⑦，57の4

> ■**Point**
> ■令和5年9月までは区分記載請求書等保存方式
> ■令和5年10月以後は適格請求書等保存方式

1 仕入税額控除の要件

　事業者が仕入税額控除を行うためには，仕入れの事実を記載した帳簿及び請求書等を保存しなければなりません。

2 令和5年9月までは区分記載請求書等保存方式

　令和元年10月1日から令和5年9月30日までの間の仕入税額控除に関する仕組みを「区分記載請求書等保存方式」と呼んでいます。

　帳簿及び請求書等の保存が仕入税額控除の要件であり，軽減税率対象品目とそれ以外を一括購入した場合には，保存する請求書等に①軽減対象資産の譲渡等にはその旨と②税率ごとに合計した税込対価の額が記載されていなければなりません。

3 令和5年10月以後は適格請求書等保存方式

　令和5年10月以後は，「適格請求書等保存方式」（日本型インボイス制度）となります。

　「適格請求書等保存方式」とは，「適格請求書発行事業者登録制度」（事業者登録制度）を基礎として，原則として，「適格請求書発行事業者」（登録事業者）から交付を受けた登録番号の記載のある「適格請求書」の保存及び帳簿の保存を，仕入税額控除の要件とするものです。登録番号の記載のない請求書を受け取った課税仕入れは，原則として，仕入税額控除の対象となりません。

13 総額表示の義務

参 照 消法63, 転嫁対策特別措置法10

■**Point**
- ■B to Cには総額表示の義務
- ■令和3年3月末日までは税抜表示が認められている

1 総額表示とは

総額表示とは，値札等に消費税込みの支払総額を表示することです。消費者が商品を選ぶときに，消費税込みでいくら支払えばいいのか，一目で分かるようにと，小売業者，レストランなど，消費者相手の事業を行う事業者に義務付けられています。

2 令和3年3月末日まで

ただし，前頁でみたように，転嫁対策特別措置法において令和3年3月末日までの特例として税抜価格による表示が認められています。

消費者の利便性にも配慮する観点から，できるだけ速やかに税込価格を表示するという努力義務があります。

3 義務付けられているのはB to C

総額表示が義務付けられているのは，B to Cの場合だけです。

BはBusiness（企業），CはConsumer（一般消費者），B to Bは企業同士，B to Cは企業と消費者との商取引を指します。B to Bは，総額表示の対象ではありません。

4 転嫁対策特別措置法は税抜表示を容認

消費税法は，消費者に対する価格の表示について総額表示を義務付けていますが，消費税法に対して特別法となる転嫁対策特別措置法は，総額表示と誤認されない表示を合わせて行うこと（誤認防止措置）を要件として，税抜価格による表示を認めています。誤認防止措置としては，

①　個々の値札等において税抜価格であることを明示する方法

②　店内の掲示等により一括して税抜価格であることを明示する方法

があります。

②店内の掲示等により一括して税抜価格であることを明示する方法による場合は，店内の消費者が商品等を選択する際に目に付きやすい場所に，明瞭に，表示しなければなりません。一括して行う表示には，たとえば次のような表示が考えられます。

- 当店の価格は全て税抜表示です。
- 当店の価格は全て税抜価格です。消費税分はレジにて別途精算させていただきます。

店内の一部の商品等について，税抜価格のみの表示を行う場合には，たとえば，陳列棚ごとに，次のように表示します。

税抜表示の棚：この商品棚に陳列してある商品は全て税抜表示です。消費税分はレジにて別途精算させていただきます。

税込表示の棚：この商品棚に陳列してある商品は全て税込表示です。

店内のどの商品が税抜価格の商品であるのか個々の値札等で明示する場合には，たとえば次のように表示します。

当店では，税込表示の商品と税抜表示の商品があります。税抜価格の商品につきましては，値札に『税抜』と表示しています。

値札の貼り替えが間に合わない等の事情により，令和元年10月1日以後も一時的に8％の税率による税込価格の表示が残る場合もあると考えられます。このような場合には，たとえば次のように表示します。

- 店内の商品は，旧税率（8％）に基づく税込価格となっていますので，レジにてあらためて新税率（10％）に基づき精算させていただきます。
- 値札に，税率表記のない商品は，旧税率に基づく税込価格ですので，レジにてあらためて新税率（10％）に基づき精算させていただきます。また，値札に，（10％）と記載しているものは新税率に基づく税込価格です。

---

14 転嫁対策特別措置法による規制と緩和

■**Point**■■
■転嫁対策特別措置法は令和3年3月31日までの時限措置

■「転嫁拒否」及び「消費税還元セール」の禁止

■税抜表示及び表示カルテル等の容認

1 4つの特別措置

　消費税は，その負担を消費者の消費支出に求めています。しかし，税率の引上げにあたっては，その負担増が消費者に転嫁されず，事業者の利益を圧迫する懸念があります。

　そこで，企業が増税分を商品やサービス価格に円滑に転嫁できるように転嫁対策特別措置法が，平成25年10月1日から施行されています。

　この法律には，令和3年3月末日までの時限措置として，次の4つの特別措置が定められています。

① 消費税の転嫁拒否等の行為の是正に関する特別措置（転嫁拒否の禁止）

② 消費税の転嫁を阻害する表示の是正に関する特別措置（消費税還元セールの禁止）

③ 価格の表示に関する特別措置（税抜表示の容認）

④ 消費税の転嫁及び表示の方法の決定に係る共同行為に関する特別措置（表示カルテル・転嫁カルテルの容認）

2 「転嫁拒否」及び「消費税還元セール」の禁止

　3%から5%への税率引上げ時には，大手小売店が「消費税還元セール」を展開し，その値引き分を納入業者に押し付ける，といったことが見られました。こうした行為を防ぐため，設けられた特別措置が，上記**1**①及び②です。

　1①の転嫁拒否の禁止は，納入業者に対して税率引上げに見合う対価を支払わない

「減額」や不当な値引き交渉等を禁止し，これについての指導を行い，違反行為があった場合には，公正取引委員会が勧告を行い，その旨を公表することとしています。

　また，**1**②は，「消費税還元セール」「消費税は据え置いています」などの広告を禁止するものです。

禁止される表示の具体例

(1)　取引の相手方に消費税を転嫁していない旨の表示
　　・　「消費税は転嫁しません。」
　　・　「消費税は一部の商品にしか転嫁していません。」
　　・　「消費税を転嫁していないので，価格が安くなっています。」
　　・　「消費税はいただきません。」
　　・　「消費税は当店が負担しています。」
　　・　「消費税はおまけします。」
　　・　「消費税はサービス。」
　　・　「消費税還元」，「消費税還元セール」
　　・　「当店は消費税増税分を据え置いています。」
(2)　取引の相手方が負担すべき消費税に相当する額の全部又は一部を対価の額から減ずる旨の表示であって消費税との関連を明示しているもの
　　・　「消費税率上昇分値引きします。」
　　・　「消費税10％分還元セール」
　　・　「増税分は勉強させていただきます。」
　　・　「消費税率の引上げ分をレジにて値引きします。」
(3)　消費税に関連して取引の相手方に経済上の利益を提供する旨の表示
　　・　「消費税相当分，次回の購入に利用できるポイントを付与します。」
　　・　「消費税相当分の商品券を提供します。」
　　・　「消費税相当分のお好きな商品1つを提供します。」
　　・　「消費税増税分を後でキャッシュバックします。」

禁止されない表示の具体例

　次のような表示は，宣伝や広告の表示全体からみて消費税を意味することが客観的に明らかな場合でなければ，いずれも，消費税分を値引きする等の宣伝や広告には該当せず，本条で禁止される表示には当たらない。
　(1)　消費税との関連がはっきりしない「秋の生活応援セール」，「ハロウィーンセール」
　(2)　たまたま消費税率の引上げ幅と一致するだけの「2％値下げ」，「2％還元」，「2％ポイント還元」
　(3)　たまたま消費税率と一致するだけの「10％値下げ」，「10％還元セール」，「10％ポイント進呈」

---

3 税抜表示及び表示カルテル等の解禁

1の③及び④の特別措置は，税抜表示及び表示カルテル等の解禁です。

消費者に対してあらかじめ商品等の価格を表示する場合は，消費税を含む金額を表示する「総額表示」が義務付けられています。しかし，当初の法律では，一年半の間に二段階で税率が引き上げられる予定であったことから，値札等の付けかえが事業者の負担になると考えられ，適正な転嫁のために必要があるときは，税抜価格を表示することができるものとされました。ただし，値札や店内の目立つ場所に税抜きであることを表示するなど，総額表示と誤認されない措置を講じることとされています。

また，中小事業者には，消費税の転嫁の方法の決定に係る共同行為（転嫁カルテル）が認められ，すべての事業者に，消費税についての表示の方法の決定に係る共同行為（表示カルテル）が認められています。

4 ガイドライン等の情報

取扱いの詳細については，財務省，消費者庁，公正取引委員会が平成25年9月10日にガイドラインを公表しています（なお，このガイドラインは，平成31年3月29日に改定されています）。

また，価格の表示方法については，国税庁の「総額表示義務の特例措置に関する事例集」が参考になります。外食店等については，あわせて平成30年5月18日公表の「消費税の軽減税率制度の実施に伴う価格表示について」（消費者庁・財務省・経済産業省・中小企業庁）も参照してください。

担当省庁	ガイドライン
公正取引委員会	消費税の転嫁を阻害する行為等に関する消費税転嫁対策特別措置法，独占禁止法及び下請法上の考え方
消費者庁	消費税の転嫁を阻害する表示に関する考え方
財務省	総額表示義務に関する特例の適用を受けるために必要となる誤認防止措置に関する考え方
消費者庁	総額表示義務に関する消費税法の特例に係る不当景品類及び不当表示防止法の適用除外についての考え方
国税庁	総額表示義務の特例措置に関する事例集

（出所）　公正取引委員会ホームページ

消費税転嫁対策特別措置法について
※消費税の円滑かつ適正な転嫁の確保のための消費税の転嫁を阻害する行為の是正等に関する特別措置法

消費税転嫁対策特別措置法が，平成25年10月1日付けで施行されています（同法は，令和3年3月31日まで適用されます。）。政府では，この法律に基づき消費税の円滑かつ適正な転嫁に向けた取組を行っています。
※法律改正により，同法の期限は，平成30年9月30日から令和3年3月31日に延長されました。

Ⅰ　消費税の転嫁拒否等の行為の是正に関する特別措置

平成26年4月1日以降に供給する商品又は役務について，消費税の転嫁を拒む行為等が禁止されています。適用対象となる主な取引及び禁止される行為は以下のとおりです。

転嫁拒否等をする側（規制対象）（買手）	転嫁拒否等をされる側（売手）
① 大規模小売事業者	大規模小売事業者と継続的に取引を行っている事業者
② 右欄の事業者等と継続的に取引を行っている法人事業者	○ 資本金3億円以下の事業者 ○ 個人事業者等

禁止される行為	具体例
① 減額	本体価格に消費税分を上乗せした額を対価とする旨契約していたが，消費税分の全部又は一部を事後的に対価から減じること
② 買いたたき	原材料費の低減等の状況変化がない中で，消費税率引上げ前の税込価格に消費税率引上げ分を上乗せした額よりも低い対価を定めること
③ 商品購入，役務利用又は利益提供の要請	消費税率引上げ分を上乗せすることを受け入れる代わりに，取引先にディナーショーのチケットを購入させること
④ 本体価格での交渉の拒否	本体価格（消費税抜価格）で交渉したいという申出を拒否すること
⑤ 報復行為	転嫁拒否をされた事業者が，①～④の行為が行われていることを公正取引委員会などに知らせたことを理由に，取引の数量を減らしたり，取引を停止したりするなど，不利益な取扱いをすること

違反行為を防止又は是正するため，公正取引委員会，主務大臣，中小企業庁長官が必要な指導・助言を行います。また，違反行為があると認めるときは，公正取引委員会が勧告を行い，その旨を公表します。

Ⅰに関する問い合わせ先：公正取引委員会消費税転嫁対策調査室　03－3581－5471（代表）

Ⅱ　消費税の転嫁を阻害する表示の是正に関する特別措置

平成26年4月1日以降に供給する商品又は役務の取引について，消費税分を値引きする等の宣伝や広告が禁止されています。禁止される表示は以下のとおりです。

禁止される表示	禁止される表示の具体例
① 取引の相手方に消費税を転嫁していない旨の表示	「消費税は転嫁しません」 「消費税は当店が負担しています」
② 取引の相手方が負担すべき消費税に相当する額の全部又は一部を対価の額から減ずる旨の表示であって消費税との関連を明示しているもの	「消費税率上昇分値引きします」
③ 消費税に関連して取引の相手方に経済上の利益を提供する旨の表示であって②に掲げる表示に準ずるもの	「消費税相当分，次回の購入に利用できるポイントを付与します」

違反行為を防止又は是正するため，消費者庁長官，公正取引委員会，主務大臣，中小企業庁長官が必要な指導・助言を行います。また，違反行為があると認めるときは，消費者庁長官が勧告を行い，その旨を公表します。

Ⅱに関する問い合わせ先：消費者庁表示対策課　03－3507－8800（代表）

Ⅲ 価格の表示に関する特別措置

（1）平成25年10月1日以降，消費税の円滑かつ適正な転嫁の確保や事業者の値札の貼り替えなどの事務負担に配慮する観点から，表示価格が税込価格であると誤認されないための措置を講じていれば，「税込価格」を表示しなくてもよいとする特例が設けられています。

　　※ 消費者への配慮の観点から，上記の特例を受ける事業者はできるだけ速やかに「税込価格」を表示するよう努めることとされています。

【具体的な表示の例】

（例1）値札，チラシ，ポスター，商品カタログ，インターネットのウェブページ等において，商品等の価格を次のように表示する。

| ○○円（税抜） | ○○円（税抜価格） | ○○円（本体価格） | ○○円＋税 |

（例2）個々の値札等においては「○○円」と税抜価格のみを表示し，別途，店内の消費者が商品等を選択する際に目に付きやすい場所に，明瞭に，「当店の価格は全て税抜価格となっています。」といった掲示を行う。

（2）事業者が，税込価格に併せて，税抜価格を表示する場合において，税込価格が明瞭に表示されているときは，景品表示法第5条（不当表示）の規定は適用しないこととされています。

　　　　　　　　　　Ⅲ(1)に関する問い合わせ先：財務省主税局税制第二課 03-3581-4111(代表)
　　　　　　　　　　Ⅲ(2)に関する問い合わせ先：消費者庁表示対策課 03-3507-8800(代表)

Ⅳ 消費税の転嫁及び表示の方法の決定に係る共同行為に関する特別措置

平成26年4月1日以降に供給する商品又は役務を対象にした，事業者又は事業者団体が行う転嫁カルテル・表示カルテルが独占禁止法の適用除外となります（公正取引委員会に対して事前に届け出ることが必要です。届出書の様式など，具体的な届出の方法については公正取引委員会HPを御覧ください。）。

（1）転嫁カルテル（消費税の転嫁の方法の決定に係る共同行為）

（例1）事業者がそれぞれ自主的に定めている本体価格に，消費税額分を上乗せすること

（例2）消費税額分を上乗せした結果，計算上生じる端数について，切上げ，切捨て，四捨五入等により合理的な範囲で処理すること

　　※ 税込価格や税抜価格（本体価格）を決めることは，適用除外の対象にはなりません（独占禁止法に違反する行為ですので注意してください。）。

　　※ 転嫁カルテルについては，参加事業者の3分の2以上が中小事業者であることが必要です。

【中小事業者の範囲】	資本金等の額（会社）	又は	常時使用する従業員数（会社又は個人）
製造業，建設業，運輸業	3億円以下		300人以下
卸売業	1億円以下		100人以下
サービス業	5千万円以下		100人以下
小売業	5千万円以下		50人以下
政令で定める業種	業種ごとに政令で定める金額以下		業種ごとに政令で定める数以下
上記以外の業種	3億円以下		300人以下

（2）表示カルテル（消費税についての表示の方法の決定に係る共同行為）

（例1）税率引上げ後の価格について，「消費税込価格」と「消費税額」とを並べて表示する方法を用いること

（例2）税率引上げ後の価格について，「消費税込価格」と「消費税抜価格」とを並べて表示する方法を用いること

　　　　　　　　Ⅳに関する問い合わせ先：公正取引委員会消費税転嫁対策調査室 03-3581-5471(代表)

第2章

軽減税率制度

５分間レクチャー！

　消費税は単一税率制度を維持していましたが，税率引上げに際しての痛税感を緩和するため，令和元年10月1日から，飲食料品と新聞を対象品目として軽減税率が導入されています。

　医薬品等及び酒類は，飲食料品に含まれません。したがって，医薬品等及び酒類の販売には標準税率10%が適用されます。また，外食も軽減税率の対象になりません。

　食品と食品以外の資産で構成される一体資産には，原則として標準税率を適用しますが，所定の要件を満たす場合には軽減税率が適用されます。

　新聞については，定期購読契約の場合に限り，軽減税率の対象となります。

軽減税率８％		標準税率10%
生鮮食品・加工食品 飲料 食品添加物 テイクアウト 出前 定期購読の新聞	一体資産 （食品＋食品以外）	水道水・日用品 医薬品 酒類 レストランでの飲食 ケータリングサービス 売店売りの新聞

1　軽減税率制度とは何か

■Point■
■軽減税率とは標準税率に対し低く設定された税率
■逆進性緩和の効果，低所得者対策としての効果は小さい

1　軽減税率とは標準税率に対し低く設定された税率

　軽減税率とは，標準税率（普通税率）に対して低く設定された税率です。また，高く設定された税率は，割増税率です。

　日本の消費税は，創設時に普通乗用車に割増税率を設定していましたが，平成6年3月末にこれが廃止されて以来，単一税率制度でした。しかし，令和元年10月1日以後は，標準税率である10％に対して8％の軽減税率をもつ複数税率制度になっています。法令上は，これを「軽減税率制度」と呼んでいます。

2　軽減税率制度の目的と効果

　税制抜本改革法は，低所得者に配慮する観点から複数税率化を検討するものとしており，平成28年与党大綱は，「軽減税率制度には，他の施策と異なり，日々の生活において幅広い消費者が消費・利活用しているものに係る消費税負担を軽減するとともに，買い物の都度，痛税感の緩和を実感できるとの利点がある」と説明しています。

　しかし，研究者の多くは，軽減税率の導入は，望ましいものではないと評価しています。

　「1　消費税の役割」で述べたとおり，そもそも消費税は，多くの議論を経て，税制全体のバランスの中で広い課税ベースと単一の税率によって，公平，簡素，中立を確保するという役割を担うものとして創設されたのです。単一税率であることこそが消費税導入の意義でした。軽減税率の導入は，この特長を大きく後退させます。

(1)　逆進性緩和の効果は極めて小さい

　逆進性は消費税の性質そのものであり，消費税という税目の枠内で逆進性を緩和

しようとする試みには意味がなく，ましてや累進課税を実現することなどできません。財務省が公表した資料によれば，「軽減税率制度」による逆進性緩和の効果は極めて小さいものとなっています。

(2) 恩恵は高所得者に偏る

　所得が多い人ほど多くの消費支出を行うと考えられます。飲食料品についても，例外ではありません。したがって，軽減税率によって減少する税収の多くは，高所得者の利益となります。

(3) 税率が低い分だけ値段が安くなるかどうかはわからない

　軽減税率は，税率が低い分だけ値段が安くなることを想定しています。しかし，商品の価格設定は事業者の自由です。販売価格は需要と供給の関係で形成されるのであり，人気商品は値上げしやすく，そうでない場合には値下げ圧力がかかります。適用される税率に忠実に税込価額が変化するということはフィクションでしかありません。

(4) 事業者の負担が増加し商品コストとなる

　複数の税率の存在は，事業者に多くの負担を要求します。事業者は，常に，税率誤りのリスクと転嫁できない税の負担を背負うことになります。また，売上げと仕入れを税率ごとに管理するための設備投資と運用コストが生じ，単一税率制度に比較した場合のコンプライアンスコストは確実に増加します。

　事業者のコンプライアンスコストは商品の価格に組み込まれ，それらはすべて消費者の負担を増加させるものとなります。

(5) 政府は痛税感緩和の効果を期待

　軽減税率の導入による税収の減少と執行のコストは，さらなる標準税率の引上げ（あるいは他の方法による増税）を必要とし，低所得者対策としては，軽減税率は最悪の選択です。軽減税率導入の必要性を見いだすとすれば，それは標準税率引上げの緩衝材となるということに尽きるでしょう。

　軽減税率に対する政府の最大の期待は，痛税感の緩和です。軽減税率は，消費者の負担に配慮した施策が講じられていることを目に見える形で示すことができ，消費税の増税に対する消費者の不満を吸収し，抵抗感をやわらげます。

　軽減税率には，少数の低所得者を救済することではなく，「幅広い消費者」が買い物のたびに「痛税感の緩和を実感する」ことが期待されています。

2 軽減税率対象品目は「飲食料品」と「新聞」

■**Point**■
■軽減税率対象品目は「飲食料品」と「新聞」

1 令和元年10月1日以後の税率

標準税率　10%（国税 7.8%，地方税 2.2%）

軽減税率　8 %（国税6.24%，地方税1.76%）

令和元年9月30日まで：単一税率制度
すべての課税資産の譲渡等＝税率8%
⇓
令和元年10月1日以後：複数税率制度

飲食料品と新聞の譲渡＝軽減税率8%	その他の課税資産の譲渡等＝標準税率10%

2 軽減税率の対象

　軽減税率の対象は，飲食料品の譲渡及び輸入，定期購読契約に基づく新聞の譲渡です。

飲食料品の譲渡	「飲食料品」とは，次の①及び②をいう。 　① 食品（医薬品等及び酒類を除く） 　② 食品と食品以外の資産で構成された一体資産のうち所定の要件を満たすもの
	「飲食料品の譲渡」には次のイ）及びロ）は含まない。 　イ） 外食（食事の提供） 　ロ） ケータリング 　※ 有料老人ホームの給食及び学校給食は軽減税率の対象
飲食料品の輸入	保税地域から引き取られる課税貨物のうち飲食料品に該当するものには，軽減税率を適用する。
新 聞 の 譲 渡	定期購読契約に基づく新聞の譲渡には，軽減税率を適用する。

3 軽減税率対象品目：飲食料品

参　照　28年改正法附則34①一／消令２の３／28年改正令附則２／食品表示法２①，５／酒税法２

■Point

■飲食料品とは「食品」と「所定の要件を満たす一体資産」

---

1 飲食料品の譲渡に係る軽減税率の適用範囲

飲食料品の譲渡に係る軽減税率の適用範囲をイメージ図で示すと，次のようになります。

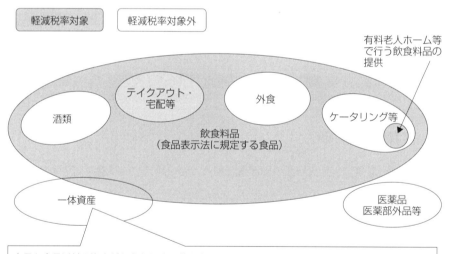

軽減税率対象　　軽減税率対象外

有料老人ホーム等で行う飲食料品の提供

テイクアウト・宅配等　外食　ケータリング等

酒類

飲食料品（食品表示法に規定する食品）

一体資産

医薬品医薬部外品等

食品と食品以外の資産があらかじめ一体となっている資産で，その一体となっている資産に係る価格のみが提示されているもののうち，税抜価額が１万円以下であって，食品に係る部分の価額の占める割合が2/3以上のものに限り，全体が軽減税率の対象

（出所）国税庁ホームページ

2 飲食料品とは「食品」と「所定の要件を満たす一体資産」

「飲食料品」とは，食品表示法に規定する食品（酒税法に規定する酒類を除きます）及び一体資産のうち所定の要件を満たすものです。

36

❸　食品とは「人の飲用又は食用に供されるものとして販売されるもの」

　食品表示法において，「食品」とは，「全ての飲食物（医薬品等を除き，食品添加物を含む。）」ものとされています。また，食品の販売をする者は，「食品表示基準に従った表示がされていない食品の販売をしてはならない」とされています。

　つまり，「食品表示法に規定する食品」とは，「人の飲用又は食用に供されるものとして販売されるもの」ということになります。

　法律には，必ず目的があります。食品表示法の目的は，食の安全を確保するために食品の販売をする場合にも正しい表示をさせることです。この食品表示法の規制の対象が軽減税率の対象です。

❹　食品であるかどうかは販売する事業者の判断

　軽減税率の対象は，「人の飲用又は食用に供されるものとして販売されるもの」ですから，販売する事業者の判断であり，購入する人の使用目的は関係ありません。

❺　医薬品等は軽減税率対象外

　医薬品等は，軽減税率の対象外です。栄養ドリンク等については，医薬品，医薬部外品，再生医療等製品と表示されているものには標準税率が適用され，清涼飲料水と表示されているものには軽減税率が適用されます。

❻　酒税法に規定する酒類は軽減税率対象外

　酒税法に規定する酒類の譲渡は，軽減税率の対象となりません。酒税法において酒類は，「アルコール分１度以上の飲料」と定められています。

　したがって，ノンアルコールビールや甘酒など，アルコール分が１度未満の飲料は，軽減税率の適用対象である「飲食料品」に該当します。

❼　一体資産とは，食品と食品以外で構成された商品

⑴　単一税率にはなかった問題
　食品と食品以外の資産が一つの商品を構成している場合には，その商品に標準税率又は軽減税率のいずれを適用するのかという複数税率特有の問題が生じます。この問

題は，「一体資産」という新しい概念により整理されることになります。

　「一体資産」とは，食品と食品以外の資産があらかじめ一の資産を形成し，又は構成しているものであって，その一の資産に係る価格のみが提示されているものをいいます。

(2)　一体資産の税率

　一体資産の譲渡は，原則として軽減税率の適用対象ではありません。したがって，その全体に標準税率10％が適用されます。これは，食品以外の資産を食品と抱き合わせた場合に，その譲渡の全体に軽減税率を適用することとすれば，租税回避的な商品の組成を助長することになる恐れがあるからです。

　ただし，少額で食品の占める割合が大きい，例えば「食玩」のようなものについてまで厳格な取扱いを貫くと，一般消費者の理解を得られないと考えられます。そこで，次の①及び②の要件を満たす場合には，その一体資産は飲食料品の範囲に含め，その譲渡全体に軽減税率を適用することとされています。

　①　一体資産の譲渡の対価の額（税抜価額）が１万円以下であること

　②　一体資産の価額のうちに当該一体資産に含まれる食品に係る部分の価額の占める割合として合理的な方法により計算した割合が３分の２以上であること

一体資産
（食品と食品以外の資産があらかじめ一の資産を形成し，その一の資産に係る価格のみが提示されている）

- -

おまけ付きお菓子
重箱に詰め合わせたおせち料理
カステラとカーネーションをセットにした母の日ギフト商品
ビールとジュースをセットにしたお歳暮商品　など

↓

原則として，標準税率10％

↓

ただし，「１万円以下」「食品の価額の割合が２／３以上」であれば，軽減税率８％

8　飲食料品の輸入も軽減税率

　国内取引の税率と輸入の税率は，同じです。

　したがって，保税地域から引き取られる課税貨物のうち，「飲食料品」に該当するものについては，軽減税率が適用されます。

4 外食とケータリングは軽減税率の対象外

参　照　28年改正法附則34／28年改正令附則3

■Point■■■■■■
■外食（食事の提供）は軽減税率の対象外
■ケータリングは標準税率10％，出前は軽減税率8％

---

1 外食（食事の提供）は軽減税率の対象外

　テーブル，椅子，カウンターその他の飲食に用いられる設備（飲食設備）のある場所において行う飲食料品を飲食させる役務の提供は，軽減税率の対象となりません。

2 飲食料品の飲食に用いられる設備（飲食設備）

　飲食料品の飲食に用いられる設備であれば，その規模や目的を問わず，飲食設備となります。飲食のための専用の設備である必要もありません。次のような設備も，飲食設備に該当します。

- テーブルのみ，椅子のみ，カウンターのみの設備（立ち食いそばのカウンターなど）
- 飲食目的以外の施設等に設置されたテーブル等で飲食に用いられる設備（コンビニエンスストアのイートインコーナーなど）

3 テイクアウト8％とイートイン10％の判断は，顧客に意思確認

　飲食店等であっても，飲食料品を持ち帰る場合は，飲食設備において飲食料品を飲食させる役務の提供には当たりません。ファストフード店の持帰り（テイクアウト）や喫茶店等の「出前」は軽減税率が適用されて8％となり，店内飲食（イートイン）は標準税率が適用されて10％になります。

　テイクアウトであるか，イートインであるかは，その飲食料品の提供等を行う時において，例えば，店内設備等を利用して飲食するのか又は持ち帰るのかを顧客に質問

するなど，顧客の意思を確認して判定します。

④ 持帰りの意思表示をして店内で飲食した場合

持帰りの意思表示をした顧客が，その後，何らかの事情で店内飲食をするケースが想定されますが，そのことによって税率を変更する必要はありません。

「店内飲食」か「持帰り」かは，飲食料品を提供する時に判断します。

⑤ コンビニエンスストアにおける判定方法

大半の商品（飲食料品）が持帰りであることを前提として営業しているコンビニエンスストアにおいては，すべての顧客に店内飲食か持帰りかを質問することを必要とするものではありません。たとえば，「イートインコーナーを利用する場合はお申し出ください」等の掲示をして意思確認を行うなど，営業の実態に応じた方法で意思確認を行うことができます。

⑥ ケータリングは標準税率10％，出前は軽減税率8％

軽減税率の適用対象となる「飲食料品の譲渡」には，「課税資産の譲渡等の相手方が指定した場所において行う加熱，調理又は給仕等の役務を伴う飲食料品の提供」（いわゆる「ケータリング，出張料理」）は含まれません。

相手方が指定した場所で加熱，調理又は給仕等の役務を一切伴わない，いわゆる出前は，「飲食料品の譲渡」に該当し，軽減税率の適用対象となります。

⑦ 有料老人ホームや学校の給食は軽減税率

有料老人ホームや小中学校などで提供される給食等は，これらの施設で日常生活や学校生活を営む者（入居者等）の求めに応じて，その施設の設置者等が調理等をして提供するものですから，ケータリングサービスに該当します。しかし，こうした給食等は，その都度自らの選択で受けるものではなく，日常生活や学校生活を営む場において他の形態で食事をとることが困難なことから，これらの施設の設置者等が提供する飲食料品を食べざるを得ないという面があります。そこで，有料老人ホームや学校の給食は，軽減税率の対象とされています。

5　軽減税率対象品目：新聞

参　照　28年改正法附則34①二

> ■**Point**
> ■定期購読契約の新聞の譲渡は軽減税率
> ■電子版は標準税率

1　定期購読契約の新聞の譲渡は軽減税率

　新聞とは，「一定の題号を用い，政治，経済，社会，文化等に関する一般社会的事実を掲載する週2回以上発行する新聞」とされています。一般紙，スポーツ紙，業界紙，政党機関紙，全国紙，地方紙，英字紙などの区別はありません。これらの新聞の定期購読契約による譲渡には，軽減税率が適用されます。定期購読契約は，多くの場合，宅配契約（新聞配達）になっています。

　これらの新聞であっても，定期購読契約ではなく，駅やコンビニで即売される場合には10%の標準税率が適用されることになります。

2　電子版は標準税率

　新聞の電子版は，急速に普及しています。電子版の新聞の配信は，新聞に掲載された情報を，インターネットを通じて提供するサービスであり，「電気通信利用役務の提供」に該当しますから，そもそも新聞の譲渡ではありません。したがって，軽減税率は適用されません。

3　「書籍」「雑誌」の検討

　「書籍」「雑誌」への軽減税率の適用については，どのように有害図書，不健全図書を排除するかという課題がありますが，平成28年度与党税制改正大綱では，「その日常生活における意義，有害図書排除の仕組みの構築状況等を総合的に勘案しつつ，引き続き検討する」とされ，平成31年度与党税制改正大綱においても検討する旨が記載されています。

6 適格請求書等保存方式（日本型インボイス方式）

参 照　新消法30①⑦, 45①, 45⑤, 57の2, 57の5, 65四／新消令46①②③, 62①, 70の5

> **■Point■**
> ■課税事業者は登録申請をして適格請求書等を発行する登録事業者となる
> ■帳簿及び適格請求書等の保存が仕入税額控除の要件

1　日本型インボイス制度の導入

　平成28年度与党税制改正大綱において，インボイス制度は，「複数税率制度の下において適正な課税を確保する観点から」必要な制度であり，「事業者に十分な説明を行いつつ」導入するものとされました。

　インボイス制度は，「適格請求書等保存方式」として，令和5年10月1日に導入することとされています。

　「適格請求書等保存方式」とは，「適格請求書発行事業者登録制度」（いわゆる事業者登録制度）を基礎として，原則として，「適格請求書発行事業者」から交付を受けた登録番号の記載のある「適格請求書」，「適格簡易請求書」又は「これらの書類の記載事項に係る電磁的記録（いわゆる電子インボイス）」（以下，「適格請求書等」といいます）のいずれかの保存及び帳簿の保存を，仕入税額控除の要件とするものです。

　3万円未満の公共交通料金等「適格請求書等の保存を要しない取引」に該当するものを除き，免税事業者や消費者からの課税仕入れは，仕入税額控除の対象となりません。

2　適格請求書発行事業者登録制度

　「適格請求書発行事業者」とは，課税事業者であって，自ら税務署長に申請し，適格請求書を交付することのできる事業者として登録を受けた事業者をいいます。

　免税事業者は登録できません。免税事業者が登録するためには課税事業者を選択する必要があります。

　事業者から，登録申請書の提出を受けた税務署長は，適格請求書発行事業者登録簿

に法定事項を登載して登録を行い，登録を受けた事業者に対して，その旨を書面で通知することとされています。適格請求書発行事業者登録簿は，インターネットを通じて公表されます。ただし，消費税法の規定に違反して罰金以上の刑に処せられ，その執行が終わり，又は執行を受けることがなくなった日から２年を経過しない者は，登録を受けることができません。

　適格請求書発行事業者には，適格請求書等の交付及び写しの保存の義務があります。

3　適格請求書類似書類等の交付の禁止

　適格請求書等を交付することができるのは，税務署長に申請して登録を受けた適格請求書発行事業者だけです。適格請求書発行事業者でない者が，適格請求書等であると誤認されるおそれのある表示をした書類の交付又は提供を行うことは禁止されています。

　また，適格請求書発行事業者については，偽りの記載をした適格請求書等の交付又は提供を行うことが禁止されています。

　これら禁止行為を行った者は，１年以下の懲役又は50万円以下の罰金に処するものとされています。

4　仕入税額控除の要件

　適格請求書等保存方式の下では，所定の事項が記載された帳簿及び適格請求書等の保存が仕入税額控除の要件とされます。

　登録番号の記載のない請求書を受け取った課税仕入れは，原則として，仕入税額控除の対象となりません。

5　売上税額の計算方法

　売上げに係る税額は，原則として，税込売上額の合計額に各税率を適用して算出します（割戻し計算）。ただし，適格請求書等に記載した消費税額を積算する積上げ計算によることもできます。

売上税額の計算方法
原則……割戻し計算
特例……積上げ計算

6 仕入税額の計算方法

　課税仕入れに係る消費税額は，原則として，適格請求書等に記載された消費税額又は課税仕入れの都度計算した消費税額を積算して算出します（積上げ計算）。ただし，売上げに係る税額の計算につき，割戻し計算による場合は，課税仕入れに係る消費税額についても割戻し計算によることができます。

　これは，売上税額と仕入税額の計算方法の違いを利用した有利計算を排除する措置であると説明されています。

仕入税額の計算方法
原則……次のいずれか 　　　①　請求書等積上げ計算 　　　②　帳簿等積上げ計算 特例……割戻し計算（売上税額について割戻し計算としていることが要件）

7 免税事業者等からの課税仕入れに係る経過措置

　「適格請求書等保存方式」においては，適格請求書等が交付されない課税仕入れは，仕入税額控除の対象から除外しなければなりません。

　ただし，激変緩和の趣旨から，適格請求書等保存方式の導入後６年間は，適格請求書等保存方式において仕入税額控除が認められない課税仕入れであっても，区分記載請求書等保存方式において仕入税額控除の対象となるものについては，次の割合で仕入税額控除が認められます。

適格請求書等が交付されない課税仕入れを仕入税額控除の 対象とすることができる割合
平成35年10月１日から平成38年９月30日までの３年間……80%
平成38年10月１日から平成41年９月30日までの３年間……50%

　この経過措置の適用を受けるためには，帳簿に，経過措置の適用を受ける課税仕入れである旨を記載しておかなければなりません。

　また，区分記載請求書等と同様の記載事項が記載された請求書等の保存が必要です。

第3章

課税される取引・
課税されない取引

5分間レクチャー！

課税される取引・課税されない取引

1 取引は4つに区分

　消費税法上，すべての取引は，　課税 ・ 免税 ・ 非課税 ・ 不課税 の4
つに分類されます。売上げについて簡単に説明すると，次のようになります。

区　　分	説　　　　明
課　　税	**消費税がかかる売上げ** 　この取引から生じた収入が，売上げの消費税額を計算するもとになります。
免　　税	**輸出・輸出関連は0％課税** 　一般に「0％課税」と呼ばれ，「輸出戻し税」が生じる取引です。 　輸出売上げには消費税が課税されず，他方，そのための仕入れの税は控除することができます。
非　課　税	**消費税がかからない売上げ** 　土地の譲渡や貸付け，金融取引，医療など消費税がかからない取引です。 　非課税は，売上げに消費税がかからないのと同時に，その非課税売上げのための課税仕入れがあってもその税額を控除できない取引です。控除できない仕入れの税額は事業者のコストとなって本体価額を押し上げる要因になります。
不　課　税	**消費税に全く関係ない取引** 　国外で行われる取引，贈与や寄附・損害賠償金など，消費税の計算に全く関係ない取引です（公益法人等には影響があります）。

② 消費税がかかるのは課税取引

上記の４つのうち，消費税がかかる取引は，課税取引だけです。

課税取引において収受する金額が，売上げの消費税額のもととなります。

購入する事業者においては，課税取引が仕入れの消費税額のもとになります。

③ 免税，非課税，不課税はなぜ分ける？

　免税取引，非課税取引，不課税取引は，いずれも課税されません。しかし，それでも，この３つから生じる売上げは，正確に区分しておく必要があります。それは，仕入れの消費税額を，控除することができる税額と控除することができない税額とに分ける計算をするためです。

　仕入れの際にかかった消費税額は，そのすべてが控除の対象となるわけではありません。

　課税売上げ又は免税売上げを目的として行う仕入れの税額は控除の対象となりますが，非課税売上げを目的として行う仕入れの税額は控除することができません。

　また，不課税取引のために必要な仕入れの税額については，課税売上割合によって控除額を計算します。課税売上割合を算定するためには，免税売上高，非課税売上高を正確に把握しておく必要があります。

　仕入れの消費税額の計算を行うために，売上げを４つに区分するのです。

④ 軽減税率も区分する

　飲食料品や新聞の譲渡には軽減税率が設けられています。課税売上げと課税仕入れは，税率ごとに区分しておかなければ申告書を作成することができません。

⑤ 輸入貨物の区分

　国外から到着した貨物は，その輸入手続きにおいて，課税貨物，免税貨物，非課税貨物を区分します。課税貨物については，輸入の許可を受ける際に消費税が課税されます。

課税取引か否かの判定

参・照　消法2①八・九，4①③，6①，7

■Point

■課税取引は4つのステップで判断

■不課税，非課税，免税に該当しないものが課税取引

1　課税取引は4つのステップで判断する

課税，免税，非課税，不課税　の判断を間違えれば，正しい納付税額は計算できません。この判断は消費税についての基本となるものです。

これらの区分は，次のステップを順に追っていく中で明確になります。

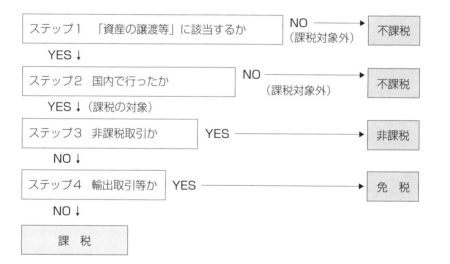

ステップ1とステップ2で判断した　不課税　は，課税対象外の取引です。

「資産の譲渡等」を国内で行った場合に，消費税の課税の対象となります。

課税の対象は，その後，非課税，免税，課税　に分かれます。

2　ステップ1　「資産の譲渡等」に該当するか

　まず，その取引が，「資産の譲渡等」に該当するものであるかどうかを判定します。
　「消費」とは，消費者がモノを買う行為なので，事業者からするとそれは，モノを売る行為ということになります。
　「資産の譲渡等」とは，事業者の立場から「消費」を表現するものです。

3　ステップ2　国内で行ったか

　消費税は，日本国内で行った消費に課税するものです。たとえば，ニューヨークでハンバーガーを売っても，日本の消費税は課税されません。
　「資産の譲渡等」が国内で行われた場合に，課税の対象になります。
　次のステップで 非課税 ， 免税 となるものがありますが，とりあえずそれらすべてを含むものとして，課税の対象を把握します。

4　ステップ3　非課税取引か

　法人が行う土地の譲渡は，「資産の譲渡等」に該当します。しかし，土地は消費財ではないため，土地の譲渡を消費行為と捉えて課税するのは難しいと考えられています。また，医療や社会福祉事業について消費税を課税することは，国民の理解を得にくいものです。
　したがって，このような取引は， 非課税 とされています。

5　ステップ4　輸出取引等か

　国外に輸出した商品は，国外で消費されると考えられます。したがって，国外取引と同様に，日本の消費税は課税しないこととされており，商品の輸出やこれに類似する取引は 免税 となります。

6　不課税，非課税，免税に該当しないものが課税取引

　上記の4つのステップを経て，不課税，非課税，免税に該当しないものが， 課税 となります。課税取引があった場合には，販売した事業者には売上げの消費税が，購入した事業者には仕入れの消費税が発生します。

資産の譲渡等とは何か

参照 消法2①三・七・八，②，3，4①／消令2／消基通1−1−1，1−2
−1〜3，5−1−1〜11，5−2−1〜16，5−4−1〜5，5−5−
1〜12

■**Point**

■資産の譲渡等とは，商品の販売に代表される取引

■個人事業者は「事業として」の判定が必要

1　資産の譲渡等とは商品の販売に代表される取引

「資産の譲渡等」とは，商品の販売に代表される取引です。

事業として，代金を受け取り，商品や固定資産その他のものを譲渡したり，貸し付けたり，あるいはサービスの提供をすることをいいます。

資産の譲渡等	とは	事業として 対価を得て行われる 資産の譲渡及び貸付け並びに役務の提供	をいう。

消費税は消費者が行う消費に税負担を求めるものであるため，「資産の譲渡，貸付け，役務の提供」という具体的な消費の供給と，これを得るために消費者が行う支出，すなわち，事業者において「対価」の受取りが存在するものを課税の対象としています。

2　法人が行う取引はすべて「事業として」

消費税は，事業者が事業として行う取引を課税の対象としています。

法人が行う取引は，すべて「事業として」に該当します。法人の種類や規模の大小，利益がでているか，営利目的か社会貢献かなどは，一切問いません。

法人とは，生きている人間（自然人・個人）でなくて，法律によって「人」とされるものです。一定の目的のために結合した人の団体（社団）や一定の目的のために捧げられた財産の集合（財団）は，法律によって人格を付与され，法律上の権利又は義

務の主体となることが認められるようになります。

　また，法人格のない研究会や同好会，ＰＴＡ等は，組織として行動する場合には「人格のない社団等」に該当しますが，税法上は，法人として取り扱われることになります。

法人 （普通法人・協同組合・外国法人・公益法人・ＮＰＯ法人） ※人格のない社団等は法人として扱う	→	行うすべての取引が「事業として」に該当

3　個人事業者は「事業として」の判定が必要

　商売を行う個人や開業医，弁護士，設計士等，他の事業者に雇われないで自分で事業を営む個人は，個人事業者として，消費税の納税義務者になります。

　個人事業者は，事務所やお店では事業者として物を売ったり買ったりしていますが，プライベートでは一人の消費者です。消費者の立場で行う資産の譲渡，たとえば，マイホームや家庭で使用していた中古車の売却は，「事業として」に該当しません。たとえ売却代金を事業の資金とした場合であっても，家庭用の資産の譲渡は課税の対象になりません。売却代金の使い道は関係ないのです。

個人事業者 （自己の計算において独立して事業を営む個人）	
「事業として」に該当	**「事業として」に該当しない**
・　独立・反復・継続して行われる取引 ・　事業用固定資産の譲渡等 ・　その他の事業に附随して行われる取引	・　自宅の売却 ・　マイカーなどの生活用資産の譲渡 ・　取引業者以外が行うゴルフ会員権の売却

4　「対価」とは相手に与えたものの見返り

　「対価」とは，資産の譲渡や貸付けなどの見返りです。たとえば，寄附金や補助金は，資産の譲渡や貸付けなどの見返りではなく，ただ金銭をもらうだけなので，対価ではありません。

また，贈与は見返りがなく物をプレゼントする行為ですから，対価のない取引です。

対価のない取引，対価ではないものの例
・　贈与などの無償による取引
・　金銭出資を行う場合の資金の払込みと受入れ
・　預り金，差入保証金
・　寄附金，祝い金，見舞金等
・　補助金，助成金等
・　損害賠償金，立退料，保険金等
・　租税，罰金，過料，科料等
・　配当金
・　資産の滅失，減耗

5　資産の譲渡

　資産の譲渡とは，売買や交換等の契約により，資産の同一性を保持しつつ，他人に移転することをいいます。つまり，所有の権利の移転です。自分にあった所有の権利が，自分以外の者に移転することをいいます。

6　資産の貸付け

　資産の貸付けは，所有権が移転しない状態で，他者に資産を使用させることをいい，権利の設定も，貸付けと整理されます。

　建物の貸付けについては，その家賃や返還されない権利金等が対価となります。

7　役務の提供

　役務の提供とは，業務の受託，請負等のいわゆるサービスの提供です。

　手数料，委託料，加工料等が対価となります。

消費税は，売上げを通して相手方が行った消費支出に課税しようとするものです。相手方への商品等の提供がありその代金を受け取る取引でなければ，課税することができません。

3 損害賠償金についての判定

参　照　消基通5-2-5，5-5-2

> **■Point■**
> ■損害賠償金，キャンセル料は不課税
> ■実質的に資産の譲渡等の対価であるときは課税

1 損害賠償金の受取りは不課税

　損害賠償金は，心身や資産に対して損害を加えられた場合に，加害者から被害者に支払われます。被害者の身体や精神を傷つけたことへの償い，失われた資産価値の回復などのために支払われるものであり，ものを売り買いする行為ではありません。したがって，資産の譲渡等には該当せず，不課税となります。

2 損害賠償金の名目でも課税されることがある

　損害賠償金という名目であっても，支払われる原因や内容を見てみると，実質的には資産の譲渡等の対価と判断できるようなものがあります。このような場合には，支払われる金銭の名目にかかわらず，課税されます。

損害賠償金という名目であっても課税される例
・　傷つけた商品（使用可能な状態）を引き取らせて支払いを受ける損害賠償金
・　特許権等の無断使用について受け取る損害賠償金
・　賃貸している建物から期限を過ぎても退去しないことにより受け取る損害賠償金

3 予約のキャンセル料と事務手数料は違う

　予約の取消しや変更にあたって授受するキャンセル料は，損害賠償金として不課税になります。

　ただし，これに伴う事務手数料は，処理手続きの対価であり，課税の対象となります。

国内取引かどうかの判断

参 照　消法2①一，4③／消令6／消規2／消基通5－7－1～15

■**Point**

■資産の譲渡及び貸付けの場合は，資産の所在場所による

■サービスの提供の場合は，サービスの提供場所による

1　課税の対象は国内取引

消費税は，日本国内で行う資産の譲渡等に課税します。

国外で行われる取引は，課税の対象ではありません。

国内取引であるかどうかは，取引の種類ごとに判定します。

2　譲渡及び貸付けは資産を引き渡した場所で判定

土地や建物は不動産と呼ばれ，その所在場所を動かすことは不可能ですが，不動産以外の物品は持ち運ぶことができます。

したがって，資産の譲渡・貸付けの場合には，「その譲渡又は貸付けが行われた瞬間にその資産が所在していた場所」を見て，それが国内であれば，国内取引と判断します。

売った者又は買った者が，外国法人や外国人であっても判定に影響することはありません。

資産の譲渡又は貸付け	→	資産の譲渡又は貸付けの時にその資産が所在していた場所が国内であれば国内取引

資産の譲渡は，次の4つのパターンで行われます。

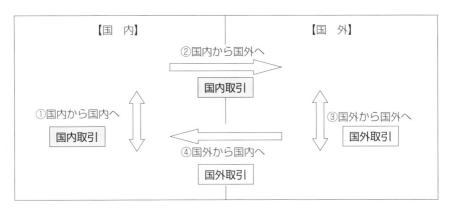

　①は，国内にある資産を譲渡する取引であるため，国内取引です。

　②は，国内にある資産を譲渡した結果，相手方に引き渡すために資産を国外に運び出す輸出販売です。譲渡の時には資産は国内にあるので，輸出販売は国内取引ということになります（最終的な判定は免税です）。

　③は，国外にある資産を譲渡する取引であるため，国外取引です。

　④は，国外にある資産を譲渡した結果，相手方に引き渡すために資産を国内に送るものです。譲渡の時には資産は国外にあるので，国外取引です。④の取引は，国外における資産の譲渡等であるため売り手においては課税対象外ですが，国内で資産を受け取る者には，輸入の消費税が課税されます。

3　役務の提供は行った場所で判定

　役務（サービス）の提供は，「サービスが行われた場所」が国内であれば，国内取引と判断します。譲渡は資産の所有者が変わることですが，サービスの提供はそれを行ったという事実が残るものであり，その事実とともにサービスを行った場所も変わることはありません。提供者又は提供先が，外国法人や外国人であっても，サービスを行った場所が国内であれば国内取引となります。

> 役務の提供　→　役務の提供を行った場所が国内であれば国内取引

4　特殊な場合の判定は特別の定め

　無体財産権等の譲渡や貸付け，国内外を通して行われる役務の提供については，次

のとおり内外判定の基準が設けられています。

種類	特殊な場合の判断場所
譲渡又は貸付け	船舶・航空機……登録機関の所在地 特許権等の登録される財産権……登録機関の所在地（複数国登録の場合は売り手の住所地又は本店所在地） 著作権等の登録のない権利……売り手の住所地又は本店所在地 ゴルフ会員権……ゴルフ場の所在地 資産の所在地がわからないとき……売り手の取引事務所の所在地
サービスの提供	輸送・通信・郵便……出発地・発送地・発信地・到着地・受信地等のいずれか サービスの提供場所がわからないとき……売り手の取引事務所の所在地

※デジタルコンテンツの配信については，次頁の **5** を参照してください。

販売するときに商品
はどこにあったの？
役務の提供はどこで
したの？

5　利息は貸し付ける者の取引事務所で判定

　受取利息が発生した場所は，金銭を貸し付ける者のその取引に係る事務所（貸付けや預金の預入れを行う事務所）の所在地です。貸し付ける者の取引事務所が国内であれば，預けた銀行や貸した相手が外国法人や外国人でも国内取引になります。

5 デジタルコンテンツの配信等の内外判定

参照　消法2①四の二，八の三，4①三／消令6②六／消基通1－6－1，5－7－15の2，11－2－13の2

■Point

■「電気通信利用役務の提供」は購入者の住所等で内外判定

---

1 デジタルコンテンツの配信等の内外判定は購入者の住所

「電気通信利用役務の提供」（電子書籍，音楽や広告の配信，クラウドサービス等のデジタルコンテンツの配信等）の内外判定の基準は，購入者の住所又は本店所在地です。

取引の内外判定は，売り手を基準にするのが基本的な考え方ですが，電気通信利用役務の提供に限っては，購入者を基準としています。

「電気通信利用役務の提供」の内外判定	役務の提供が行われた場所が明らかでない取引で「電気通信利用役務の提供」に該当しないものの内外判定
⬇	⬇
「電気通信利用役務の提供」を受ける者の住所（個人），本店（法人）の所在地	役務の提供を行う者のその役務の提供に係る事務所等の所在地による

2 課税方式

国外に拠点を置く国外事業者については，どのように適正な納税を確保するかという課題があります。

そこで，国外事業者が行う「電気通信利用役務の提供」は，「事業者向け」と「消費者向け」とに区分され，それぞれに特別の課税方式が定められています。

「事業者向け電気通信利用役務の提供」	➡	リバースチャージ方式
「消費者向け電気通信利用役務の提供」	➡	国外事業者申告納税方式

リバースチャージ方式

Point

■リバースチャージ方式では仕入れた事業者が売上げを認識して申告する

■国外事業者にはリバースチャージ対象商品である旨の表示の義務がある

1 リバースチャージ方式

「事業者向け電気通信利用役務の提供」には，その取引に係る消費税の納税義務を役務の提供を受ける国内事業者に転換する「リバースチャージ方式」が適用されます。

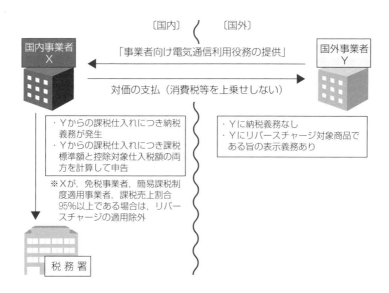

2 リバースチャージの対象

リバースチャージの対象となる「事業者向け電気通信利用役務の提供」とは，国外事業者が行う電気通信利用役務の提供のうち，「役務の性質又はその役務の提供に係る取引条件等からその役務の提供を受ける者が通常事業者に限られるもの」です。

　リバースチャージの対象となるのは，一般には販売されないごく限られたサービスです。

【「事業者向け電気通信利用役務の提供」の具体例】

役務の性質による判断	インターネット上での広告の配信や，ゲームをはじめとするアプリケーションソフトをインターネット上のWebサイトで販売する場所を提供するサービス
取引条件等による判断	クラウドサービス等の電気通信利用役務の提供のうち，取引当事者間において提供する役務の内容を個別に交渉し，取引当事者間固有の契約を結ぶもので，契約において役務の提供を受ける事業者が事業として利用することが明らかなもの（契約書や契約過程の文書等により確認します）

　インターネット上で一般に販売されている電子書籍等は，「事業者向け」に該当しません。61頁で説明する「消費者向け電気通信利用役務の提供」となります。

❸　消費税を上乗せしない

　リバースチャージ方式が適用される場合は，消費税を上乗せしないで取引を行うことが前提です。したがって，その課税標準は「支払対価の額」であり，税抜計算は行いません。たとえば，100万円を支払えば，100万円が課税標準となります。また，税額は，その支払対価の額に税率を乗じた金額となります。

❹　リバースチャージ対象商品表示の義務

　「事業者向け電気通信利用役務の提供」を行う国外事業者は，「事業者向け電気通信利用役務の提供」を行うに際して，あらかじめ，その取引が「リバースチャージ方式」の対象である旨の表示を行わなければなりません。

　たとえば，インターネット上の規約や価格を表示している場所などに，またカタログなどに，「日本の消費税は役務の提供を受けた貴社が納税することとなります。」や「日本の消費税のリバースチャージ方式の対象取引です。」などの表示をすることになります。対面やメール等で交渉を行う場合は，その交渉を開始する段階において取り交わす書類やメールなどにこれらの文言を明記することとなります。

　いずれにしても，取引の相手方が，あらかじめその取引が自身に納税義務が課されるものであることが認識できるような表示をする必要があります。

5 適 用 除 外

　リバースチャージ方式の適用は，一般課税により申告を行う事業者で，その課税期間の課税売上割合が95％未満であるものに限られます。免税事業者や，課税売上割合が95％以上となる課税期間，簡易課税制度の適用を受ける課税期間においては，リバースチャージの適用はありません。その場合，リバースチャージ対象商品の仕入れはなかったこととなり，売上げの税額は計算せず，仕入税額控除もありません。

6 国外事業者が行う芸能・スポーツ等の役務の提供

　国内で行う芸能・スポーツ等の役務の提供は，国外事業者が行っても国内取引となり，消費税の課税の対象です。しかし，国外の芸能人やスポーツ選手については，短期間で帰国するなど適正な納税を求めるのが難しいケースも多いと考えられます。

　そこで，国外事業者である芸能人又はスポーツ選手が行う芸能・スポーツ等の役務の提供には，上記のリバースチャージ方式が適用されています。

　対象となる役務の提供の具体例は，次のとおりです。

【リバースチャージの対象となる芸能活動の具体例】

国外事業者である芸能人又はスポーツ選手が行う
　①　芸能人としての映画の撮影，テレビへの出演
　②　俳優，音楽家としての演劇，演奏
　③　スポーツ競技の大会等への出場
　※　スポーツ選手が，映画やCM等の撮影を国内で行って，その演技，出演料等を受領する場合は①に含まれます。
　※　国外事業者がアマチュア，ノンプロ等と称される者であっても，スポーツ競技等の役務の提供を行うことにより報酬・賞金等を受領する場合は③に含まれます。

　一般課税で，課税売上割合95％未満の事業者だけがリバースチャージ適用です。
　それ以外の事業者は，リバースチャージ対象商品の仕入れそのものがなかったこととされます。

7 国外事業者申告納税制度

> 参照　消法2①四の二，八の三，27年改正法附則38，39／消基通1-6-1，5
> -8-3，11-1-3

▪Point▪

■電子書籍や音楽の配信は，リバースチャージ対象商品ではない

■登録番号入りの請求書等を入手すれば仕入税額控除が可能

---

❶ 国外事業者申告納税方式

「消費者向け電気通信利用役務の提供」は，その「消費者向け電気通信利用役務の提供」を行う国外事業者が納税義務者となります。

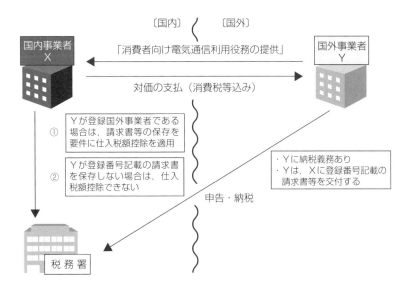

❷ 「消費者向け電気通信利用役務の提供」

「消費者向け電気通信利用役務の提供」とは，「電気通信利用役務の提供」のうち，「事業者向け電気通信利用役務の提供」に該当しないものをいいます。具体的には，事業者，消費者の別に関係なく，広く提供される以下のような取引が該当します。

61

○　インターネット等を通じて行われる電子書籍・電子新聞・音楽・映像・ソフトウエア
　　（ゲームなどの様々なアプリケーションを含みます）の配信
○　クラウド上のソフトウエアやデータベースの利用サービス
○　クラウド上で電子データの保存を行う場所の提供サービス
　※　ただし，事業者間で個別に交渉を行って，固有の契約を締結しているようなものなど，
　　リバースチャージの対象になることがあります。

---

③　国内事業者の仕入税額控除

　電子書籍等は，「消費者向け電気通信利用役務の提供」ですが，事業者が購入する
ことも多いと考えられます。

　国内事業者が，国外事業者から「消費者向け電気通信利用役務の提供」を受けた場
合，その課税仕入れに係る消費税につき，原則として仕入税額控除をすることができ
ません。

　ただし，国税庁に登録している登録国外事業者から受けた「消費者向け電気通信利
用役務の提供」については，その登録番号が記載された請求書等の保存等を要件とし
て，仕入税額控除を適用することができます。

　これにより，国内事業者は，取引先である国外事業者に登録番号が記載された請求
書の発行を求めることが想定されるため，国外事業者においては国税庁に登録するこ
とが促され，適正な納税の確保につながる効果が期待されています。

④　登録国外事業者

　国外事業者とは，国外に本店がある外国法人をいいます。国外に住所がある個人や
国外に引き続いて１年以上居所を有する個人も国外事業者になります。

　登録国外事業者とは，日本の国税庁に自ら申請し，登録を受けた事業者です。

　国税庁長官は，登録国外事業者の氏名又は名称，住所又は本店所在地及び登録番号
等について，インターネットを通じて登録後速やかに公表しなければならないことと
されており，国税庁のホームページ上で公表されています。

8 非課税と免税とはどう違うのか

参照 消法6①，7①／別表第一／消令8〜17

> **■Point**
> ■非課税は国内の取引について課税しない措置
> ■免税は国外の消費について課税しない措置
> ■仕入税額控除ができるかどうかが違う

1 非課税は国内の取引について課税しない措置

　非課税は，①税の性格上，課税の対象としてなじまないもの（資産の譲渡等に該当するけれども，税負担を求めるべき消費支出とはいえないもの），あるいは，②社会政策的配慮に基づき課税するべきでないもの（課税することについて国民の理解を得にくいもの），と考えられる取引をピックアップして課税しないこととした取扱いです。

2 免税は国外の消費について課税しない措置

　免税（輸出免税）は，国外に向けて行う商品の販売等について，日本の消費税を課税しないために設けられた取扱いです。資産の輸出販売のほか，国際輸送，国際通信，非居住者への特許権等の譲渡や貸付け等が免税とされています。

3 仕入税額控除ができるかどうかが違う

　輸出免税は，一般に「0％課税」と呼ばれ，輸出売上げには消費税が課税されない一方で，輸出売上げのために行った課税仕入れ等の税額を控除することができます。そのため輸出売上げについては，いわゆる「輸出戻し税」が生じます。

受領額　1,000円		輸出売上げの利益500円
輸出売上げ <0%課税> 売上げの税額　0円	支払額 550円	差額　450円
	仕入れの税額　50円　→	輸出戻し税50円
	国内の課税仕入れ 500円	

　他方，非課税は，売上げに消費税がかからないのと同時に，非課税売上げのための課税仕入れがあっても，その税は控除できません。

受領額　1,000円		非課税売上げの利益450円
非課税売上げ <非課税> 売上げの税額　0円	支払額 550円	差額　450円
	仕入れの税額　50円　→	仕入税額控除なし
	国内の課税仕入れ 500円	

　非課税は消費税の負担がなくてよいと思われがちですが，そうともいえません。非課税は，課税しない措置ではなく，転嫁の流れを切断して税の負担を消費者から事業者に付け替えるものだからです。上記の非課税売上げについて，消費税の影響のない利益を確保するためには，その売価を1,050円にする必要がありますが，さて，そのような値段設定は可能でしょうか。非課税は，消費者にとっては価格の上昇が心配される取引であり，事業者にとっては利益の圧迫が心配される取引であるといえるでしょう。

　たとえば，住宅賃貸は非課税ですが，建物の建築費は課税仕入れです。この建築費は，非課税売上げのために費やされた課税仕入れですから，控除することはできません。

9 非課税にはどんなものがあるのか

参　照 　消法6①／別表第一／消令8～16の2

■Point

■「資産の譲渡等」に該当するけれども税負担を求めるべき消費支出とはいえ
ないもの

■課税することについて国民の理解を得にくいもの

---

1 「資産の譲渡等」に該当するけれども税負担を求めるべき消費支出とはいえないもの

　消費税は，すべての「消費」を広く薄く課税の対象とする，という考え方からスタートしています。しかし，課税の対象を「国内において事業者が行う資産の譲渡等」と定義したことから，税負担を求めるべき消費支出とは考えにくいものまで，課税の対象の中に取り込まれることとなってしまいました。つまり，法律で定めた「資産の譲渡等」の範囲と，「消費」という概念の範囲とに若干のズレが生じているのです。

　たとえば，土地や有価証券は消費財ではなくこれを譲渡しても消費行為に該当するとは思えませんが，「資産の譲渡等」の定義には合致します。このような「消費」とはいえない取引は，「①税の性格上，課税の対象としてなじまない」として非課税とされています。

2 課税することについて国民の理解を得にくいもの

　「消費」であり「資産の譲渡等」であるものには，社会福祉事業や医療行為，教育事業，住宅の貸付けなどが含まれます。

　消費税は，課税取引となれば一律に課税され，生活に困窮しているとか，病気で収入がないなどの個人的事情は考慮されません。

　そこで，生活を営む上で最低限必要な住宅家賃や教育費用，医療費，身体障害者用物品に係る費用等については，それが「資産の譲渡等」に該当し，また消費行為に該

当するとしても，これらに税負担を求めることは，国民の理解を得にくいものと考えられ，「②社会政策的配慮に基づく」非課税が設けられています。

「資産の譲渡等」の範囲

「消費」の範囲

① 税の性格上，課税の対象としてなじまないものは非課税
・土地の譲渡・貸付け
・有価証券等の譲渡
・商品券等の譲渡
・金融・保険
・行政サービス等

② 社会政策的配慮に基づく非課税
・医　療
・社会福祉事業等
・学校教育
・助　産
・埋葬・火葬
・身体障害者用物品の譲渡・貸付け等
・教科用図書の譲渡
・住宅の貸付け

10 土地の譲渡・貸付けの非課税

参　照　消法6①／別表第一①／消令8／消基通6－1－1～7

▌Point▐
■土地は非課税，建物は課税

---

1 土地の譲渡は非課税

土地（土地の上に存する権利を含みます）の譲渡は，非課税です。

土　　地	「土地」には，立木その他独立して取引の対象となる土地の定着物は含まれません。 その土地が宅地である場合には，庭木，石垣，庭園等で宅地と一体として譲渡するもの（建物及びその附属施設を除く）が含まれます。
土地の上に存する権利	「土地の上に存する権利」とは，地上権，土地の賃借権，地役権，永小作権等の土地の使用収益に関する権利をいいます。 たとえば，鉱業権，土石採取権，温泉利用権及び土地を目的物とした抵当権は，含まれません。

2 1ヶ月以上の土地の貸付けは非課税

土地の貸付けも土地の譲渡と同様に非課税です。

ただし，その土地の貸付期間が1ヶ月未満である場合には非課税になりません。

貸付期間が1ヶ月未満であるかどうかは契約によります。長期で貸し付ける契約であったのに，何かの事情で結果的に1ヶ月未満となってしまった場合でも，非課税となります。

3 建物や施設の貸付けは課税

建物の貸付けやテニスコート，駐車場などの施設の貸付けは課税です。建物や施設を貸し付ける場合，土地は必ずその敷地として利用されます。この場合の敷地の利用は建物等の賃貸に含まれ，契約上，たとえその敷地部分の賃料を別に設定していたとしても，賃貸料のすべてが課税になります。

4 駐車場の貸付けは設備があるかどうか

　駐車場の貸付けの場合，アスファルト敷き，砂利敷き，フェンスの設置などがあれば，駐車場施設の貸付けとなり課税されます。

　駐車場施設を施さず，更地のままで貸し付けた場合は，非課税となります。

| アスファルト敷き・砂利敷き・コンクリート舗装，フェンスの設置等 | ➡ ある ➡ | 課　税 |
| | ➡ ない ➡ | 非課税 |

　　　　　　　　　　　　　※ ただし，1ヶ月未満の貸付けは課税

5 地主は非課税，ビルのオーナーは課税

　地主から土地を借り受け，その上にビルを建設して他に賃貸したとき，地主が受け取る地代は非課税，ビルオーナーが受け取る家賃は課税（住宅は非課税）となります。

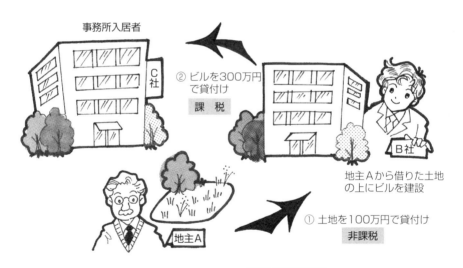

①　地主AがビルのオーナーB社から受ける　地代100万円　→　非課税

②　ビルのオーナーB社が入居者C社から受ける　家賃300万円　→　全額課税

11　有価証券の譲渡の非課税

参　照　消法6①／別表第一②／消令9／消基通6−2−1〜3

■**Point**
■有価証券等の譲渡は非課税
■ゴルフ会員権の譲渡は課税

1　有価証券等の譲渡は非課税

　有価証券等の譲渡は非課税であり，有価証券等の貸付けも金融取引の非課税となります。

非課税となる有価証券等の範囲
・　国債証券，地方債証券，社債券，抵当証券など
・　株券，出資証券，合名会社等の社員持分，投資信託の受益証券など
・　貸付金，預金，売掛債権その他の金銭債権など
・　小切手，約束手形など

2　ゴルフ会員権の譲渡は課税

　ゴルフ会員権，リゾートクラブの会員権等は，有価証券等の範囲から除外されているので，これらを売買した場合には課税されます。

　ただし，ゴルフ場の会員募集に応じて入会金及び預託金を払い込む場合は，入会金は課税ですが，預託金は後に返還される約束となっているので課税の対象外です。

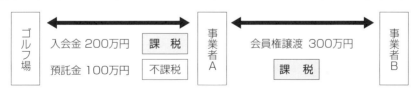

3　暗号資産（仮想通貨）

　暗号資産（仮想通貨）の譲渡は，非課税です。

12 金融取引の非課税

参 照 消法6①／別表第一③／消令10／消規3／消基通6-3-1～6

> ■**Point**■
> ■貸付金の利子や割賦手数料等は非課税
> ■保険料は非課税，保険金は不課税

1 利子・割賦手数料は非課税

金銭の貸付けは金融取引であり，物やサービスの消費ではないことから，利息は非課税とされています。

また，割賦手数料は，手数料と名がついていますが，実質的には支払期日までの利息に相当するものです。したがって，これも非課税です。

資金の貸付けの際に授受される保証料も資金調達のコストとなる意味で，利子と同様に非課税とされています。

非課税となる利子等	
・ 国債等，貸付金，預貯金の利子 ・ 信用の保証料，物上保証料 ・ 合同運用信託，公社債投資信託又は公社債等運用投資信託の信託報酬 ・ 保険料，共済掛金 ・ 集団投資信託，法人課税信託等の収益の分配金 ・ 抵当証券の利息	・ 割引債の償還差益 ・ 手形の割引料 ・ 金銭債権の買取り等に係る差益 ・ 割賦販売手数料等 ・ 有価証券（ゴルフ場利用株式等を除く）の賃貸料 ・ リース料のうち，契約において利子等と明示されている部分

2 保険料は非課税，保険金は不課税

保険や共済は，保険集団の中で行われる資金の移動であり，他方では，預金とならぶ資金運用の一形態であるともいえることから，保険料は非課税とされています。

また，保険金は，保険満期の到来，病気や死亡，目的資産についての損害の発生などを理由として支払われるものです。保険会社に対して資産の譲渡をするものではないので，不課税です。

13 郵便切手類・商品券等の譲渡の非課税

参照 消法6①／別表第一④／消令11／消基通6－4－1～6，11－3－7，11－4－3

■Point

■切手やはがきの販売は郵便局が行えば非課税

■商品券の譲渡は非課税

---

1 切手やはがきは郵便局が販売すれば非課税

郵便切手，郵政はがき等の販売は，郵便局が行う場合に限って非課税となります。

したがって，チケットショップ等が行う郵便切手類の販売は，課税売上げです。

2 切手やはがきを買ったときは非課税，だけど課税

郵便局による郵便切手類の販売は非課税です。したがって，郵便を利用する事業者においては，郵便切手類の購入は課税仕入れになりません。しかし，郵便切手類の購入については，仕入税額控除ができるのです。厳密には，郵便切手類の譲渡は非課税で，その郵便切手類の使用，すなわち，郵便切手類によって料金を支払う集配サービスが課税取引になります。しかし，そのように郵便切手類の購入と使用とを分けて考えると，事務が煩雑になってたいへんです。そこで，自社で使用する郵便切手類については，郵便局で買った時点で課税仕入れとすることができることとされています。

3 商品券等は誰が売っても非課税

商品券，ビール券，お米券，旅行券，図書カードその他のプリペイドカードなどの譲渡は，誰が行っても非課税です。

仕入れの場面でいえば，郵便切手類と同様に，自社で課税物品の購入に使用するために購入した場合は，購入時に課税仕入れとすることができます。

4 印紙，証紙の購入は課税仕入れにならない

印紙や証紙は，税金の納付や行政手数料の支払いに使用します。

したがって，郵便局や地方公共団体等から購入する印紙や証紙は，購入時，使用時のいずれにおいても課税仕入れになりません。

14

行政サービス，外国為替の非課税

参　照　消法6①／別表第一⑤／消令12, 13／消規3の2／消基通6－5－1～3

■**Point**
- ■行政サービスは非課税
- ■国際間の資金の決済に関する手数料は非課税

1　行政サービスは非課税

　国や都道府県，市町村等の役場で支払う行政手数料は，その多くが法令の規定に基づいて徴収されることとなっています。法令に基づいて支払われる行政手数料は，非課税です。

　裁判所の執行に係る手数料，公証人の手数料も非課税です。

非課税となる行政手数料の範囲	
事務の主体	法令に基づく次の事務手数料
国 地方公共団体 公　益　法　人 公　共　法　人 法令による指定業者	・　登記，登録，特許，免許，許可，認可，承認，認定，確認，指定 ・　検査，検定，試験，審査，講習 ・　証明 ・　公文書等の交付，更新，訂正，閲覧，謄写 ・　裁判その他の紛争の処理 ・　旅券の発給 ・　裁定，裁決，判定，決定 ・　異議申立て，審査請求等の処理 ・　その他法令により必要となる業務
裁判所執行官 公　　証　　人	裁判所法，公証人法に基づく手数料

2　外国為替は非課税

　郵便局，銀行その他の金融機関が受け取る手数料のうち，国外送金手数料等，国際間の資金の決済に関する手数料は，非課税です。

15　医療の非課税

参　照　消法6①／別表第一⑥／消令14／消基通6-6-1～3

■Point
■公的保険による診療，投薬等は非課税

1　公的保険による診療，投薬等は非課税

健康保険法など公的な医療保険制度に基づく医療・療養等としての物品の譲渡や貸付け，役務の提供が行われた場合は，非課税となります。

医療は，国民の生命・健康の維持に直接関わるものであり，医療を必要とする社会的弱者の立場を考慮し，税の逆進性を緩和するため，非課税とされています。自由診療や選択メニューの提供によって生じる差額部分については非課税となりません。

2　医療に係る課税と非課税の区分

医療等についての課税又は非課税の区分は，おおむね次のとおりです。

医療等の区分	判　定
健康保険，国民健康保険その他の公費負担医療，高度先進医療	非課税
保険診療に係る医師の処方による薬店での薬品の販売	非課税
入院時食事療養費や差額ベッド代，歯科材料費等のうち，患者の希望又は同意により選定し費用の差額徴収をされる部分	課　税
病床数200以上の病院の初診料，診察料のうち特別料金部分	課　税
自由診療 （予防接種，健康診断，美容整形，審美歯科診療，はり，きゅう等）	課　税
健康相談，健康指導，機能訓練	課　税
自動車事故の被害者に対する医療 （自賠責保険の限度額を超える部分を含めて）	非課税
自動車事故の加害者に対する医療 （自由診療で医師が必要と認めたもの）	非課税

※　社会保険診療に該当しない場合であっても，赤ちゃんを産む場合の助産については非課税となります（次項参照）。

16 助産の非課税

参 照 消法6①／別表第一⑧／消基通6-8-1~3

> ■**Point**■■■■■■■■■■■■■■■■■■■■■■■■■■■■■■
> ■医師等による助産は非課税
> ■差額ベッド代も非課税

1 医師等による助産は非課税

医師，助産師等による助産（赤ちゃんを産むときの介助等）に係る資産の譲渡等は，非課税です。

助産は，異常分娩の場合には医療の非課税が適用され，正常分娩の介助及び妊娠から産前産後の通常の入院・検診等，新生児の通常の入院費用等には，助産の非課税が適用されます。

母親教室等の費用は，非課税の範囲に含まれません。

2 差額ベッド代も非課税

助産に係る入院については，医療に係る非課税と違って，差額ベッド料等を区分して課税とする必要はありません。

妊娠中の入院及び出産後1ヶ月以内は，差額ベッド料や，特別給食費，大学病院等の初診料についても，全額が非課税となります。

17　社会福祉事業，介護サービスの非課税

参照　消法6①／別表第一⑦／消令14の2，14の3／消基通6-7-1～10

■**Point**■
■社会福祉事業は非課税

■介護サービスは非課税

1　社会福祉事業は非課税

　社会福祉事業及び更生保護事業として行われる資産の譲渡等，これらに類するものとして定められた資産の譲渡等は非課税です。

　社会福祉事業は，老人，児童，身体障害者，生活困窮者等に対して行われる事業であり，税負担を求めることにつき国民の理解を得にくいものであることを考慮して，非課税とされています。

2　介護サービスは非課税

　介護保険法の居宅介護サービス費の支給に係る居宅サービス，施設介護サービス費の支給に係る施設サービス等は，非課税です。

　介護サービスは，40歳以上の全国民が加入することを前提とした保険制度による相互扶助の仕組みから生ずる現物給付であり，公的医療に準ずるものであることから，非課税とされています。

　これは，「サービス」についての非課税であるため，福祉用具の譲渡や貸付け，介護のための住宅改修工事等は，非課税になりません。

　なお，福祉用具については，身体障害者用物品の非課税に該当する場合があります。

学校教育の非課税，教科書の譲渡の非課税

参　照　消法6①／別表第一⑪⑫／消令14の5，15，16／消規4／消基通6－11－1～6，6－12－1～3

▪Point▪

■学校の入学金，授業料は非課税

■制服の販売，給食，スクールバスの利用は課税

■教科書は誰が販売しても非課税

1　学校の入学金，授業料は非課税

　非課税となるのは，①学校教育法等に定める学校等が提供するもので，②授業料等を対価とする教育に関する役務の提供です。

　したがって，予備校，学習塾，英会話教室，カルチャースクールなどの授業料は，非課税になりません。

　なお，保育園の保育料は，社会福祉事業として非課税の適用を受けます。

非課税となる授業料等の範囲
・　授業料，入学金，入園料，施設設備費，検定料
・　在学証明，成績証明その他学生等の記録の証明に係る手数料等

2　入学辞退者に返金しない入学金も非課税

　入学金は，入学する権利の授与の対価であり，現実にその生徒が入学したかどうかにかかわらず，入学金支払いの時点でその資産の譲渡等が完了しています。したがって，その後に生徒の都合で入学を辞退した場合であっても，非課税です。

3　公開模試や受託研究は課税

　学校が行う公開模試や受託研究は，課税されます。

4　給食，スクールバスは課税

給食，スクールバスの利用は，原則として課税されます。

ただし，給食費については，食事の提供の対価ではなく「食育」の観点から教育の実施に必要な経費を授業料として徴収する場合，スクールバス利用料については，その利用料ではなくスクールバスの維持・運用に必要な費用を施設設備費として徴収する場合には，非課税となります。具体的には，その費用が授業料や設備費として徴収されることが募集要項等において明らかにされ，授業を休んでも授業料を返金しないのと同様に，利用の有無や頻度によって徴収する金額に差異が設けられていないなど，授業料，施設設備費等に該当すると認められる場合です。

5　制服や参考書，文房具の販売は課税

教科書の販売を除き，校内における売店や生協が行う物品の販売行為は，課税されます。

学校が行う制服や参考書の販売も課税です。

学校教育の非課税は，学校等による役務の提供に限られているので，授業に参加する際に制服の着用が義務付けられていたとしても，制服の販売は非課税になりません。

参考書や文房具の販売も，授業を受けるために必ず購入することとされていても，非課税になりません。

6　教科書は誰が販売しても非課税

学校教育法に規定する検定済教科書，文部科学省が著作の名義を有する教科書の譲渡は，書店，予備校，学習塾など，誰が行っても非課税です。

教育の非課税は，学校等における授業料等を対価とする役務の提供に限られていますが，教科書の譲渡は，教育に係る役務の提供とは別枠で非課税とされています。

参 照 消法6①／別表第一⑨／消基通6-9-1～2

■Point■■■■■■■■■■■■■■■■■■■■■■■■■■■■■■■■■
■埋葬，火葬は非課税
■僧侶へのお布施は不課税
■葬儀費用は課税

1 埋葬・火葬は非課税

埋葬料，火葬料を対価とする役務の提供は，非課税です。

「埋葬」「火葬」の範囲は，墓地埋葬法の定義によります。

「埋葬」とは，死体を土中に葬ることをいい，「火葬」とは，死体を葬るためにこれを焼くことをいいます。

したがって，火葬した焼骨を墳墓や納骨堂に納める行為は「埋葬」「火葬」にあたらず，納骨料等は非課税になりません。

埋葬許可手数料は，行政手数料として非課税になります。

2 僧侶へのお布施は不課税

僧侶に対して捧げるお布施や戒名料は，読経や戒名の対価ではなく，喜捨金（進んで寺社や僧，貧者に寄附する金銭）とされています。

したがって，資産の譲渡等の対価ではないので，消費税の課税対象外です。

3 葬儀費用は課税

通夜や告別式を執り行うために支払う葬儀費用は，喜捨金と区別して課税されます。

20 身体障害者用物品の譲渡・貸付け等の非課税

参照　消法6①／別表第一⑩／消令14の4／消基通6-10-1～4

■Point

■身体障害者用物品の譲渡等は非課税

■改造，修理も非課税

1 身体障害者用物品の譲渡等は非課税

　身体障害者用物品の譲渡，貸付け，製作の請負，修理は，非課税となります。

　身体障害者用物品とは，身体障害者が使用するための特殊な形状・構造・機能を有する物品として厚生労働大臣が指定したものです。

身体障害者用物品として告示されている主なもの
・　義肢，義眼
・　弱視眼鏡，点字器，補聴器，人工喉頭
・　車いす，電動車いす
・　ストマ用装具
・　点字図書
・　特殊寝台，移動用リフト
・　福祉電話機，視覚障害者用ワードプロセッサー
・　身体障害者用自動車，車いす等対応自動車

2 改造も非課税

　他の者から委託を受けて身体障害者用物品以外の物品を身体障害者用物品に改造する行為は，身体障害者用物品の製作の請負に該当し，非課税です。

3 修理も非課税

　身体障害者用物品の修理も非課税です。

21 住宅の貸付けの非課税

参 照　消法6①／別表第一⑬／消令16の2／消基通6-13-1～9

> **■Point**
> ■契約期間1ヶ月以上の住宅賃貸は非課税
> ■住宅家賃に係る共益費，返還されない敷金・権利金も非課税

1 住宅賃貸は非課税

　貸家，マンション，アパート，社宅などの住宅の貸付けは非課税です。
　住宅の貸付けであるかどうかは，契約内容を確認して判断します。

2 1ヶ月未満の貸付けは課税

　住宅の貸付けであっても，1ヶ月未満の貸付けは非課税になりません。
　1ヶ月未満であるかどうかは，契約内容を確認して判断します。1ヶ月以上の住宅
の貸付けとして契約したものは，何らかの事情で結果的に1ヶ月未満で解約した場合
であっても，非課税になります。

3 共益費，敷金，権利金は家賃と同じ

　住宅の貸付けに伴って支払われる共益費，敷金，権利金等は，家賃の一部又は家賃
の前払いと考えられるため，すべてその家賃と同様に非課税となります。
　その貸付けが住宅の貸付けに該当せず，家賃自体が課税になる場合には，当然，共
益費等も課税になります。
　敷金，権利金のうち，退去時に返還されるものは単なる預り金ですから不課税です。

4 住宅に附随するガレージの貸付け

　その敷地内に駐車スペースのある戸建住宅の貸付けについては，その駐車場部分を
含めて，家賃の全体が非課税となります。
　アパート，マンションなどの集合住宅の場合は，駐車場が集合住宅の敷地内にあり，

車両所有の有無にかかわらず入居1戸当たり1台分の駐車場が漏れなく割り当てられるなど，住宅と駐車場の貸付けが一体である場合には非課税となります。

5　店舗併用住宅は住宅部分だけが非課税

店舗併用住宅については，店舗部分が課税，住宅部分が非課税になります。家賃が，それぞれに区分されていないときは，床面積など合理的な基準で店舗部分と住宅部分とを区分します。

6　転貸しでも住宅は非課税

建物の転貸しをする場合であっても，住宅として使用することが契約上明らかであれば，非課税となります。

たとえば，家主が社宅として法人に建物を貸した場合，直接の賃借人は法人ですが，契約に社宅であることが謳ってあれば，それは住宅の貸付けになり，非課税です。

7　原状回復費は課税

賃貸借契約の解約又は終了時に受領する原状回復費は，家賃ではありません。住宅補修の対価であることから，課税されます。

住宅家賃は非課税
事務所家賃は課税

輸出免税にはどんなものがあるのか

参　照　消法7／消令17／消規5／消基通7-1-1，7-2-1～23

■Point■
■輸出取引等は輸出証明の保存を要件に免税

1　輸出取引と輸出類似取引

　免税となる輸出取引等は，国内取引であること，課税資産の譲渡等であることが前提です。国内取引である課税資産の譲渡等が，「輸出」という形態で行われたとき，又は「輸出」に類似する形態で行われたときに，輸出取引等に該当し免税の取扱いを受けます。

　輸出取引等には，次のようなものがあります。

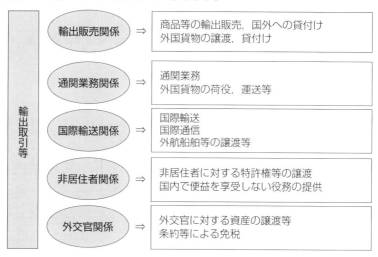

2　輸出証明が必要

　輸出免税，すなわち0％課税の取扱いを受けるためには，輸出許可書や非居住者との契約書などの証明書の保存が必要です。証明書は，申告期限から7年間保存しなければなりません。

23　輸出販売関係，通関業務関係の免税

参　照　消法2①十，7①／消令17②／消基通7－1－1，7－2－1～3，7－2－12～14，関税法2①二～四

Point

■輸出の許可を受けて引渡しをするものは免税

■輸入の許可前の販売は免税

■通関業務は免税

1　輸出とは国外に貨物を運び出すこと

輸出は，関税法において，「内国貨物を外国に向けて送り出すこと」と定義されています。

内国貨物とは，輸出の許可を受ける前の貨物をいいます。したがって，「輸出」とは，国内にある貨物を，通関手続きを経て，国外に向かう船舶等に載せて，外国に運び出すことである，ということになります。

内国貨物は，通関手続きを受けることによって，外国貨物となります。

2　輸出販売は免税

商品等の輸出販売は，免税です。輸出販売とは，「輸出」すなわち税関で許可を受けて貨物を外国に運び出すことによって，相手方に引渡しを行うこととなる販売取引です。したがって，国内の事業者に対する商品の販売であっても，販売者が輸出の許可を受けて国外の支店等に納品する場合には，輸出販売になります。

資産を貸し付ける場合も，貸付資産について，自ら輸出の許可を受けて相手方に引き渡す場合には，免税となります。

3　輸出物品の下請加工は免税にならない

輸出免税となるのは，自ら行う取引が輸出取引等に該当する場合だけです。

得意先が輸出する商品の下請加工や，輸出業者に対する商品の販売は，輸出免税になりません。

4 外国貨物の譲渡は免税

外国貨物の譲渡又は貸付けは，免税です。

外国貨物とは，輸出の許可を受けた貨物，外国から到着した貨物で輸入の許可を受ける前のものをいいます。

したがって，輸出の許可を受けた貨物の販売は，実際に国外に向かう船に載せなくても，免税になります。譲渡を受けた者が国外に運び出すのであり，輸出されることに変わりはないからです。

また，外国から到着した貨物は，輸入の許可を受ける前に譲渡すれば免税になります。外国貨物の譲渡を受けた者には，その貨物の輸入手続きにあたって，関税とともに輸入の消費税が課税されます。

5 外国貨物の荷役，運送は免税

通関手続きや外国貨物についての荷役，運送，検数等の役務の提供は免税です。

また，輸出入の許可によって外国貨物と内国貨物とは区分されますが，輸出入の許可の瞬間から，その荷役等について，課税又は免税と判断を分けることは事実上困難であることから，同一保税地域内にある間は，内国貨物の荷役等も免税とされています。

84

24　国際輸送関係の免税

参　照　消法7①／消令17①②／消基通7－2－4～11

■Point
■国内外にわたる輸送，通信，郵便は免税

■国際輸送のための船舶や航空機，コンテナーの譲渡等は免税

1　国内外にわたる輸送，通信，郵便は免税

　国内から国外への貨物や旅客の輸送，通信，郵便は，出発地が国内であるため国内取引とされ，到着地が国外であるため輸出取引等に該当し，免税となります。

　国外から国内への輸送等も同様に，到着地が国内であるため国内取引とされ，出発地が国外であるため輸出取引等に該当し，免税となります。

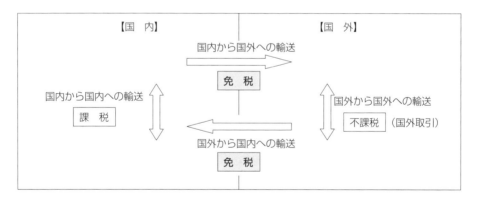

2　外航船舶等，コンテナーの譲渡等は免税

　船舶運航事業者等に対して行う国際輸送のための船舶や航空機，コンテナーの譲渡，貸付け，修理は，免税です。

　船舶運航事業者等に対して行う外航船舶等の水先やハンドリング業務も免税です。

25 非居住者関係の免税，外交官免税

参照 消法7①，8／消令17②，18〜18の4／消規6〜10の6／消基通7－2－15〜21，8－1－1〜8，8－2－1〜2の3／措法86，86の2／所得臨特法7／関税臨特法7／国連軍に係る所得臨特法3，4／日米地位協定15／日米防衛援助協定6／ウィーン条約23

■Point

■非居住者に対する無体財産権の譲渡又は貸付けは免税

■役務の提供のうち国内で直接便益を享受しないものは免税

---

1 非居住者とは外国の法人や外国に居住する人

本店が外国にある法人を外国法人といいます。原則として，外国法人は非居住者となります。ただし，外国法人が日本国内に支店や事務所を設置している場合には，その日本国内の支店や事務所は，居住者になります。

個人の場合，日本に住んでいない人は，非居住者として取り扱われます。

2 無体財産権の譲渡等は免税

無体財産権とは，鉱業権，工業所有権（特許権，意匠権等），著作権等をいいます。これらは，貨物として国外に輸出することができません。そこで，非居住者に対して譲渡等をする場合には，輸出に類似する取引と認め，免税とされています。

対価を得て行う特許権等の譲渡又は貸付け		
↓ 資産の譲渡等に該当		
・国内で登録した権利か ・複数国で登録したもの及び著作権等の登録しない権利については，売り手の本店所在地が国内か	NO ──→ （国外取引）	不課税
YES ↓　（国内取引に該当）		
買い手が非居住者か	YES ──→	免　税
NO ↓		
課　税		

86

③　非居住者に対するサービスの提供

　非居住者に対するサービスの提供で，国内において直接便益を享受しないものは免税です。その具体例は次のようなものです。

免税となるものの例	課税となるものの例
市場調査 代理店業務 設　　計	国内にある資産の運送・保管 国内通信・国内郵便 電車・バス・タクシー等による旅客輸送など 国内不動産の管理・修繕 国内での建築請負 国内での飲食・宿泊 国内での理容・美容・医療・療養 国内にある劇場・映画館等における観劇・娯楽 国内での語学教育等

　※　国内に非居住者の支店等がある場合には，原則として，免税になりません。

④　外国人旅行者のための免税ショップ

　免税ショップが，海外から来日した非居住者や外国へ出発する旅行者に対し，所定の手続きを経て行う物品の販売は，免税になります。

　海外から来日した外国人が本国に持ち帰るために購入する物品や，外国への旅行に出発する人が購入する物品は，その旅行者によって輸出されることになるからです。

　免税ショップには，店舗ごとに免税手続きを行う「一般型輸出物品販売場」と，ショッピングセンター等に設けられた免税手続カウンターで一括して手続きを行う「手続委託型輸出物品販売場」があります。

⑤　外交官免税と条約による免税

　外交官に対して行う課税資産の譲渡等については，免税の取扱いがあります。

　また，国際条約等の取決めを受けて免税とされる取引もあります。

第4章

売上げの消費税額

5分間レクチャー！

売上げの消費税額の計算

> **📎 Check Point**
> ■税込課税売上高の合計額を税抜きにして税率をかける
> ■実際の取引額が計算の基礎

1 売上げの消費税額の計算の手順

税抜課税売上高を 課税標準額 と，売上げの消費税額を 課税標準額に対する消費税額 といいます。

課税標準額	その課税期間の課税売上高を税込みのまま合計する
	↓
	税込課税売上高の合計額に100／110を乗じて税抜きにする

↓

課税標準額に対する消費税額	課税標準額に7.8%を乗じて税額を算出する （地方税部分2.2%は後で計算する）

※ 軽減税率対象の売上げがある場合には，税率ごとに区分して計算します。

2 実際の取引額を基礎とする

課税標準額の計算は，実際の収入金額を基礎とします。

法人税においては，無償や低額で資産を譲渡した場合には，その資産の時価で売却したものとして益金の額を計算します。しかし，消費税は，譲渡する事業者を通して，物を購入した者がその購入のために支出した金額を測定するものです。したがって，消費税においては，法人の役員に対する贈与と低額譲渡，個人事業者の家事消費を除いて，実際の取引額を基礎とします。

3 デジタルコンテンツの配信等

デジタルコンテンツの配信等は，57〜62頁を参照してください。

1　課税標準額と課税標準額に対する消費税額

参　照　消法28①⑤，29／消令45／消基通5－3－5，10－1－1～21

> **Point**
> ■課税標準額は税抜課税売上高
> ■時価ではなく実際の取引額

以下は，標準税率10％を適用している場合の計算です。

旧税率8％を適用した取引がある場合は93頁を，軽減税率がある場合には94頁を，合わせて確認してください。

1　課税標準額は税抜課税売上高

課税標準額とは，税率を適用して税額を計算する課税価額をいいます。

消費税の申告書では，課税標準額は申告書の最初に登場します。

課税標準額は，その課税期間の課税売上げの金額を税込みのまま合計し，その合計額に$\frac{100}{110}$を乗じて計算します。この場合，千円未満の端数は切り捨てます。

$$\boxed{課税標準額} = \boxed{その課税期間の税込課税売上高の合計額 \times \frac{100}{110} \atop （千円未満切捨て）}$$

2　課税標準額に対する消費税額

売上げの消費税額，すなわち，課税標準額に対する消費税額は，課税標準額に7.8％を乗じて計算します。地方税部分2.2％は後で計算します。

$$\boxed{課税標準額に対する消費税額} = \boxed{課税標準額} \times 7.8\%$$

3　税抜経理をしていても

会社が税抜経理方式によっている場合でも，いったん税込みの金額に戻してすべての課税売上高を合計し，合計額の$\frac{100}{110}$を課税標準額とします。

4 定価や時価に関係なく実際の取引額

商品の定価や時価に関係なく，実際に相手から受領した金額が，税込みの課税売上高になります。値下げにより損をして販売した場合であっても，受け取った金額が税込みの課税売上高になります。

5 「消費税は頂きません」って大丈夫？

たとえば，本体価格10万円の課税商品を「消費税はサービスさせていただきます」といって，消費税額10,000円（税率10％）を上乗せせずに売った場合，これを課税売上げから除外することができるでしょうか。

課税標準額に対する消費税額は，課税取引と判断された売上金額の総額をもとに計算します。したがって，この場合には，消費税だけを受け取らなかったことにはならず，売却代金10万円が税込課税売上高ということになります。

なお，転嫁対策特別措置法は，令和3年3月31日までの措置として，消費税分を値引きするといった広告を禁じています。

6 土地と建物を一括譲渡したら

土地と建物を同時に譲渡した場合は，その譲渡価額を非課税となる土地に係る部分，課税となる建物に係る部分に分ける必要があります。

区分の方法	土地の価額と建物の価額
契約書にそれぞれの対価の額の記載があるとき※	契約書に記載されたそれぞれの金額 ① 建物価額＝契約書に記載された消費税額÷10％×110％ ② 土地価額＝取引総額−①の建物価額
契約書に取引総額しか記載がないとき	近隣売買実例，鑑定額，相続税評価額，固定資産評価額等を参考にした時価の比によって区分

※ 契約書には，当事者が合意した適正な金額が記載されていることが前提です。

2　旧税率の売上げがある場合

| 参　照 | 税制抜本改革法附則2, 15 |

Point

■異なる税率の課税売上げがあるときは，税率ごとに売上高を集計する

1　税率ごとに課税売上高を集計

　新税率の施行日をまたぐ課税期間においては，異なる税率の売上げが存在することになります。また，新税率の施行後も，なお旧税率を適用する経過措置があります。異なる税率の課税売上げがある場合には，それぞれの税率ごとに課税売上高を集計し，課税標準額に対する消費税額を計算します。

2　具　体　例

　旧税率8％を適用した課税売上高：2,160万円

　新税率10％を適用した課税売上高：4,400万円

(1)　**課税標準額**

①　$2,160万円 \times \dfrac{100}{108} = 2,000万円$

②　$4,400万円 \times \dfrac{100}{110} = 4,000万円$

③　合計　　　　　　　　　$= 6,000万円$

(2)　**課税標準額に対する消費税額**

①　2,000万円×6.3％（国税部分の税率）＝126万円

②　4,000万円×7.8％（国税部分の税率）＝312万円

③　合計　　　　　　　　　　　　　　438万円

　※　地方消費税の額は，後から計算します。

3 | 軽減税率の売上げがある場合

> **Point**
> ■異なる税率の課税売上げがあるときは，税率ごとに売上高を集計する

1 税率ごとに課税売上高を集計

令和元年10月1日以後の消費税の税率は10%ですが，飲食料品の譲渡及び定期購読契約に基づく新聞の譲渡には軽減税率が適用されます。

異なる税率の課税売上げがある場合には，それぞれの税率ごとに課税売上高を集計し，課税標準額に対する消費税額を計算します。

2 具 体 例

軽減税率8%を適用した課税売上高：2,160万円

標準税率10%を適用した課税売上高：4,400万円

(1) **課税標準額**

①	$2,160万円 \times \dfrac{100}{108} = 2,000万円$
②	$4,400万円 \times \dfrac{100}{110} = 4,000万円$
③	合計 $\qquad = 6,000万円$

(2) **課税標準額に対する消費税額**

①	2,000万円×6.24%（軽減税率の国税部分）＝1,248,000円
②	4,000万円×7.8%（標準税率の国税部分）＝3,120,000円
③	合計 $\qquad$ 4,368,000円

※ 地方消費税の額は，後から計算します。

4 みなし譲渡と低額譲渡は売上高の例外

参照 消法4⑤，28①③／消基通5−3−1〜5，10−1−2，10−1−18

Point

■みなし譲渡と低額譲渡は時価課税

1 法人のみなし譲渡と低額譲渡は時価課税

課税売上高は実際に相手から受領した金額とするのが原則ですが，法人が自社の役員に資産を贈与した場合や，自社の役員に時価の50%相当額に満たない対価で低額譲渡した場合には，その資産の時価が税込みの課税売上高になります。

みなし譲渡 自社の役員に資産を贈与	低額譲渡 自社の役員に時価の半額未満で資産を譲渡
↓	↓
対価は受け取っていないけれど，資産の時価を売上げに計上※	対価が安すぎるので，資産の時価を売上げに計上

※ 棚卸資産のみなし譲渡については，販売価額の50%相当額と仕入価額のいずれか高いほうを売上高とします。

2 個人事業者のみなし譲渡は時価課税

個人事業者は，仕事を離れれば一人の消費者ですから，生活用品等を取り扱う事業者は，事業用に仕入れた商品を家事用に消費することが考えられます。個人事業者が事業用資産を家事のために消費した場合には，その資産の時価を売上高に算入します。

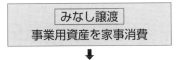

みなし譲渡 事業用資産を家事消費	低額譲渡
↓	↓
資産の時価を売上げに計上※	個人事業者に低額譲渡はない

※ 消費した資産が棚卸資産である場合には，販売価額の50%相当額と仕入価額のいずれか高いほうを売上高とします。

消費税額の積上計算の特例

参 照 旧消規22①／平15改正規附則2②～④

■Point

■端数処理による税負担を解消する特例

■要件を満たすためのシステム整備に注意

たとえば，本体価額が199円である場合，その10％は19円90銭ですが，1円未満の端数は受け取れないので，消費税は19円だけ受領したとします。これを100万回繰り返せば，受け取った税額は1,900万円です。しかし，申告書の計算では，19,818,100円が売上げの消費税額となります。

項　　　目	申告書の計算	実際の受領額
課 税 標 準 額	2億1,800万円×$\frac{100}{110}$ ＝198,181,818円 →198,181,000円	本体価額として受け取ったのは 1億9,900万円
税額（10％）部分	198,181,000円×10％ ＝19,818,100円	消費税として受け取ったのは 1,900万円

したがって，消費税として受け取った金額1,900万円より，およそ81万円多く納税することになります。

この場合，実際に受け取った税額1,900万円を基礎に計算することができる特例があります。この特例を適用するためには，取引ごとに本体価額と税額とを区別して記帳し，領収書等に消費税等（地方消費税を含む）の額を記載しておく必要があります。

取引ごとの税額を区別して記帳，領収書にも記載している場合

消費税として受け取った1,900万円を基礎に次のような計算が可能

【7.8％部分の消費税額】　1,900万円×$\frac{7.8}{10}$＝1,482万円

【2.2％部分の地方消費税額】　1,900万円×$\frac{2.2}{10}$＝　418万円

---

6 売上計上のタイミング

参照　通則法15②七／法基通2-1-1～48／消基通9-1-1～30，9-6-1～2

> ■**Point**■
> ■商品引渡しの日が売上げのタイミング

1 商品引渡しの日が売上げのタイミング

売上げを計上するタイミングは，商品を相手方に引き渡した日です。

たとえば，3月末決算の会社が20日〆で1ヶ月分の請求書を作成しているときは，3月21日から3月末までの間の納品分（売上帳端といいます）は4月20日の請求となりますが，3月末時点の売上げに追加して売上高を計算します。

2 固定資産である土地建物は契約日の計上でもOK

固定資産である土地建物については，引渡しの日に代えて，契約の効力が発生した日に譲渡があったものと認識することができます。

ただし，税負担の回避などにつながる場合は，認められないこともあります。

3 前受金は売上げではない

商品販売の予約金や手付金等の前受金は，金銭を受け入れただけで実際に商品の販売には至っていないので売上げになりません。商品を引き渡した時に売上計上します。

4 貸付けは前受けに係るものを除き契約による支払日

資産の賃貸借契約による賃貸料等は，前受けに係る額を除き，契約又は慣習によりその支払いを受けるべき日に売上げを計上します。

5 請負は引渡し又はその提供が完了した日

請負についても，目的物の引渡しの日が売上げの日となります。目的物の引渡しがない請負契約に係る売上げの日は，そのサービスの提供のすべてが完了した日です。

7 工事の請負等の売上計上のタイミング

参 照 消法17／消令38～39／消基通 9 － 1 － 5 ～ 8 ， 9 － 4 － 1 ～ 2 ， 11－ 3 － 5

> **■Point**
> ■長期の工事であっても原則は引渡基準
> ■法人税で適用していることを要件に工事進行基準によることができる

1 売上計上の原則は完成引渡しの日

建設工事や物の製造を請負った場合には，原則として，その工事が完成し，相手方に引き渡した日が売上げの日となります。

2 工事進行基準の選択

着工した事業年度中に完成しない工事については，その完成引渡し以前に，工事原価に見合う売上げを前倒しで計上する工事進行基準を適用することができます。

ただし，法人税又は所得税において工事進行基準を適用していることが要件です。

3 仕入税額控除は仕入れの日

工事完成基準，工事進行基準の別を問わず，工事原価については，実際に仕入れを行った課税期間に税額控除をするのが原則です。

ただし，未成工事支出金に計上した課税仕入れは，完成時にまとめて控除することもできます。

98

8 工事の請負等には税率の経過措置がある

参　照　税制抜本改革法附則5③，7，16／25年改正令附則4⑤／経過措置通達8
　　　　～14

■Point

■工事の請負等に関する経過措置

■工事進行基準に関する経過措置

1　工事の請負等に関する税率の経過措置

　工事の請負等は，受注からその完成引渡しまでの期間が長期になることが多いことから，旧税率を適用する経過措置が設けられています。

平成25年10月1日から 平成31年3月31日までの契約	→	令和元年10月1日以後に引き渡しても， 税率は8%

※　平成25年9月30日までに契約したものについても，3％又は5％を適用する経過措置
　があります。

2　経過措置の対象となる契約

　工事の請負等に関する税率の経過措置の対象となる契約は，次の3種類です。

①　工事の請負契約又は製造の請負契約
②　工事又は製造以外の請負契約で， 　　　ⓐ仕事の完成に長期間を要し，かつ， 　　　ⓑその仕事の目的物の引渡しが一括して行われることとされているもののうち， 　　　ⓒその契約に係る仕事の内容につき相手方の注文が付されているもの
③　建物の譲渡に係る契約で，その建物の内装若しくは外装又は設備の設置若しくは構造についてのその建物の譲渡を受ける者の注文に応じて建築される建物に係るもの

　工事の請負等に関する税率の経過措置は，新税率の施行日とその6ヶ月前の指定日を基準として定められています。

	指定日 H25.10.1	8%施行日 H26.4.1	31年指定日 H31.4.1	10%施行日 R1.10.1
①			契約 ●	引渡し ● 8%
②			契約 ●	引渡し ● 8%
③	契約 ●			引渡し ● 8%
④			契約 ●	引渡し ● 10%

① 施行日前の引渡しにつき，税率は８％です。
②③ 指定日前の契約につき，経過措置が適用され，税率は８％です。
④ 指定日以後の契約につき，経過措置の適用はなく，税率は10％です。
　※ いずれの契約も，平成25年10月１日以後に締結しているので，税率５％の経過措置の適用はありません。
　※ 工事着工の日は，判定に影響しません。

③ 工事進行基準に関する税率の経過措置

　指定日から施行日の前日までの間に締結した長期大規模工事又は工事について，消費税において工事進行基準を適用する場合には，その工事の着手の日から施行日の前日までの期間に対応する部分の売上げについては，旧税率を適用します。

税率８％を適用する売上高

$$= \text{請負契約に係る対価の額} \times \frac{\text{着手日から令和元年９月30日までの間に支出した原材料費，労務費その他の経費の額}}{\text{令和元年９月30日の現況による見積工事原価の額}}$$

9　軽油引取税の取扱い

参　照　消基通10-1-11／地法144の14

■Point

■軽油引取税，ゴルフ場利用税，入湯税の３つは売上高から除外

■購入する事業者においてもこの３つの個別消費税は課税仕入れにならない

■軽油引取税は委託販売契約が必要

1　一般消費税と個別消費税

　消費税は，原則としてすべての消費に対して広く薄く課税するという意味から一般消費税と表現されます。

　これに対して，個別消費税とは，ある特定の物品やサービスの消費に限定して課税される消費税のことです。具体的には，軽油引取税，ゴルフ場利用税，入湯税，酒税，たばこ税，揮発油税，石油石炭税，石油ガス税等があります。

■　軽油引取税，ゴルフ場利用税，入湯税は売上高から除外

　軽油引取税，ゴルフ場利用税，入湯税の３つは，その金額を請求書，領収書等に明確に示すことで，課税売上高から除くことができます。

　この３つ以外の個別消費税は，価格に織り込まれているので区別することができず，その税額を含んだ金額が課税売上高となります。

2　軽油引取税は委託販売契約が必要

　軽油引取税とは，道路に関する費用に充てるための目的税であり，軽油１キロリットルにつき32,100円が課税されます。

　軽油引取税は，特別徴収義務者である特約業者又は元売業者が，一般販売店（ガソリンスタンドなど）に軽油を販売するときに，軽油の代金と合わせて軽油引取税を徴収し，翌月末日までにまとめて都道府県に申告，納付します。

　軽油引取税が消費税法の課税対象外となるのは，特約業者等が一般販売店等に販売

する場合です。特別徴収義務者でないガソリンスタンドなどの一般販売店においては，軽油引取税相当額を含む受領した総額が課税売上げになります。一般販売店が顧客から受け取る軽油引取税相当額を消費税の課税売上げから除外するためには，特約事業者等との間で軽油に関する委託販売契約を締結していなければなりません。

3 購入する事業者においても課税仕入れにならない

　軽油引取税，ゴルフ場利用税，入湯税の３つは，購入する事業者においても，課税仕入れの対価とはなりません。この３つが，請求書や領収書等に記載されているときは，その金額を除いたところで課税仕入れの支払対価の額とします。

　軽油引取税については，上記のとおり，課税対象となったりならなかったりしますが，ガソリンスタンドが委託販売契約を結んでいるかどうかをその都度確認することは難しいと思われます。

　したがって，請求書や領収書等に軽油引取税の記載があれば委託販売契約があるものと考えて，軽油引取税と記載された金額は課税仕入れの対価の額から除く処理をするべきでしょう。

10　資産の交換や代物弁済などの取扱い

参　照　消法2①八，28①／消令2①，45①②／消基通5－1－4～6，10－1－8，11－4－1

Point

■資産を交換したときは，売上げと仕入れが同時に発生する

1　交換は売上げと仕入れが同時に発生

　資産の交換を行った場合，税法上は，保有する資産の売却と新しい資産の購入を同時に行ったことになります。

　法人税や所得税では，要件をクリアした場合には，交換によって譲渡した資産の譲渡益課税を繰り延べる特例がありますが，消費税にはこのような特例はありません。

2　代物弁済，負担付贈与，現物出資を行ったときは

①　代物弁済の売上高は消滅する借入金の額

　借入金を金銭で返済する代わりに，金銭以外の資産を相手に渡して弁済することを「代物弁済」といいます。代物弁済をしたときは，引き渡した資産を売却したこととなり，その代物弁済によって消滅する債務の額が売上高となります。

②　負担付贈与の売上高は負担させる金額

　たとえば，残ローンの返済をすることを条件に車を贈与するなど，経済的な負担をつけて資産を贈与することを「負担付贈与」といいます。負担付贈与は，無償取引ではありません。その負担させる金額を対価として贈与資産を売却したことになります。

③　現物出資の売上高は受け取る株式の時価

　金銭以外の資産を出資することを「現物出資」といいます。現物出資は，発行される株式を対価として，出資する資産を譲渡したものとして取り扱われます。

　法人税においては，一定の要件をクリアする適格現物出資の場合には，その譲渡益はなかったものとして譲渡益課税が行われません。

　しかし，消費税では，適格，非適格の区別なく，出資により取得した株式の時価が売上高となります。

11 売上値引き，返品，リベートの支払い等

参 照　消法38／消令58／消基通14－1－1～11／税制抜本改革法附則3，11，16

■Point
■売上値引きの分だけ納付税額も少なくなる

1　売上対価の返還等に係る税額控除

　課税売上げを行った後に，値引きや返品，リベートの支払いなどの理由で代金の一部を売上げ先に返金した場合には，返金した分だけ課税売上げが減ることになります。そうすると，納付する消費税額も，その分だけ少なくなるように修正する必要があります。この場合，次の2通りの処理方法があります。

処　理　方　法		処理する時期
税額控除の方法	値引額に係る消費税額を控除対象仕入税額とともに売上げの消費税額から控除する	実際に値引等をした課税期間
売上控除の方法	値引額を課税売上高から直接控除する（継続適用が要件）	

　いずれにしても帳簿にその記録を残しておかなければなりません。値引等のことを売上対価の返還等といい，その税額を返還等対価に係る税額といいます。

2　控除しきれない場合は還付される

課税標準額に対する消費税額から
控除対象仕入税額，返還等対価に係る税額，貸倒れの消費税額
の3つを控除して控除しきれない金額は，還付税額となります。

3　税率引上げをまたぐ売上対価の返還等

　税率が8％であるときの課税売上げにつき，税率が10％になった後に売上対価の返還等を行った場合，返還等対価に係る税額は，売り上げた時の税率8％で計算します。

12　代金の貸倒れ

参　照　消法39／消令59／消規18〜19／消基通13-1-6，14-2-1〜5／税制抜本改革法附則12，16

Point

■貸し倒れた分だけ納付税額も少なくなる

■貸付金等の貸倒れは対象外

1　貸倒れに係る税額控除

　課税売上げを行った後に，代金が貸し倒れた場合には，その貸倒損失に見合う分だけ，納付する消費税額が少なくなるように修正する必要があります。

　貸倒れの場合には，売上値引等の控除と違って，売上額から直接減額する処理方法はありません。貸倒れの税額控除として処理します。

　貸倒れの事実を証明する書類の保存が，税額控除の要件です。

	処　理　方　法	処理する時期
税額控除	貸倒れの消費税額を控除対象仕入税額とともに売上げの消費税から控除する	実際に貸倒れが生じた課税期間

2　控除しきれない場合は還付される

　課税標準額に対する消費税額　から

　控除対象仕入税額，返還等対価に係る税額，貸倒れの消費税額

の3つを控除して控除しきれない金額は，還付税額となります。

3　税率引上げをまたぐ貸倒れの処理

　税率が8％であるときの課税売上げにつき，税率が10％になった後に貸し倒れた場合，貸倒れに係る税額は，売り上げた時の税率8％で計算します。

4　貸倒れの範囲

　控除の対象となる貸倒れは，課税取引による売掛金等に限られます。貸付金等の貸

倒れについては，法人税では損金算入となるものでも，消費税ではもとの取引に課税されていないため，控除の対象となりません。

貸倒れとは，次のような事実が生じることをいいます。

主な貸倒れの事実
① 更生計画認可の決定，再生計画認可の決定などにより債権の切捨てがあったこと
② 債務者の財産状況，支払能力等から見てその債務者が債務の全額を弁済できないことが明らかであること
③ 法令の規定による整理手続きによらない関係者の協議決定で，一定の要件に該当する基準により債権の切捨てがあったこと
④ 債務者の債務超過の状態が相当期間継続し，その債権の弁済を受けることができないと認められる場合に，その債務者に対し書面により債務の免除を行ったこと

5 貸倒処理した後に回収できたら

貸倒れに係る消費税額の控除をした後に，その控除の対象となった売掛金等を回収することができた場合は，回収した金額に見合う消費税額を納付することになります。

＜10%を適用した課税売上げの貸倒れと回収＞

課税売上げ1,100円	貸倒れ1,100円	貸倒回収550円
課税売上高1,100円を課税標準額の計算に入れて 100円を 納税	貸倒れ額1,100円を税額控除の対象として 100円を 控除	回収額550円を基礎として 50円を 納税

※ 貸倒れの消費税額及び回収に係る消費税額は，その貸倒れに係る課税売上げに適用した税率によって計算します。

第5章

仕入れの消費税額

5分間レクチャー！

仕入れの消費税額の計算

> 📎 **Check Point**
> ■仕入れの消費税額の計算方法は4通り

1 仕入税額控除

　仕入れにかかった消費税額は，売上げの消費税額から控除します。

　売上げの消費税額を 課税標準額に対する消費税額 と，

売上げの消費税額から控除する仕入れの消費税額を 控除対象仕入税額 と，

課税標準額に対する消費税額 から 控除対象仕入税額 を控除することを

仕入税額控除 といいます。

2 控除対象仕入税額の計算方法は4通り

　控除対象仕入税額の計算方法には，次の4つがあります。

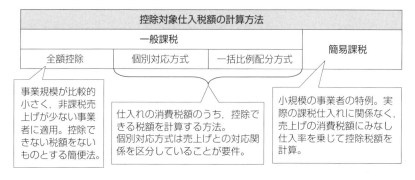

控除対象仕入税額の計算方法			
一般課税			簡易課税
全額控除	個別対応方式	一括比例配分方式	

事業規模が比較的小さく，非課税売上げが少ない事業者に適用。控除できない額をないものとする簡便法。

仕入れの消費税額のうち，控除できる税額を計算する方法。
個別対応方式は売上げとの対応関係を区分していることが要件。

小規模の事業者の特例。実際の課税仕入れに関係なく，売上げの消費税額にみなし仕入率を乗じて控除税額を計算。

　まず，大きくは，一般課税と簡易課税とに分かれます。

　さらに，一般課税には，全額控除，個別対応方式，一括比例配分方式の3つ
の計算方法があるので，全部で4つです。

① 全額控除 ┃課税売上高５億円以下で，課税売上割合95％以上の場合┃

　課税仕入れ等の税額のうち，非課税売上げに対応するものは，原則として，控除することができません。ただし，事業規模が比較的小さく（課税売上高５億円以下），非課税売上げが少ない（課税売上割合95％以上）事業者は，控除できない税額をないものとする簡便法が認められています。その課税期間中に行った課税仕入れ等の税額のすべてを控除する全額控除です。

② 個別対応方式 ┃売上げとの対応関係による区分をしている場合┃

　全額控除の適用要件に合わない事業者は，個別対応方式又は一括比例配分方式により，控除することができる税額を計算します。

　個別対応方式は，課税仕入れ等を「課税売上対応分」「非課税売上対応分」「共通対応分」の３つに区分している場合に適用することができます。

③ 一括比例配分方式 ┃２年間の継続適用┃

　一括比例配分方式は，売上げとの対応関係を把握していなくても計算が可能です。ただし，２年間継続して適用しなければなりません。

④ 簡易課税 ┃売上げの消費税額×みなし仕入率┃

　簡易課税は，中小事業者の特例です。実際の仕入れにかかわらず，売上げの消費税額にみなし仕入率を乗じて仕入れの消費税額を計算します。選択制ですが選択すると２年間継続適用しなければなりません。

❸　相手方の課税売上げが当社の課税仕入れ

　課税仕入れとは，相手方において課税売上げとなるものです。免税事業者や消費者からの仕入れも，「仮に相手方が課税事業者であれば課税売上げになるもの」と考えて判断します。ただし，給与の支払いは課税仕入れになりません。

❹　輸入の消費税も仕入税額控除

　事業者が商品等の輸入の際に税関で支払った消費税は，仕入税額控除の対象となります。

❺　デジタルコンテンツの配信等

　デジタルコンテンツの配信等は，57～62頁を参照してください。

<table>
<tr><td>1</td><td>

全額控除の要件

</td></tr>
</table>

参　照　消法30①②⑥／消令47の２／消基通11－５－９～10

■Point

■課税売上高が５億円以下で課税売上割合が95％以上

1　課税売上高が５億円以下で課税売上割合が95％以上

　全額控除とは，課税仕入れの目的が課税売上げか非課税売上げかにかかわらず，その課税期間の課税仕入れ等の税額のすべてを控除する方法です。ほんの少しの非課税売上げのために，仕入れの消費税額の計算が複雑になることを避けるために設けられた制度です。

　全額控除の適用要件は，その課税期間の課税売上高が５億円以下で，課税売上割合が95％以上であることです。

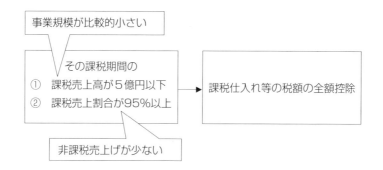

2　課税売上高の計算方法

　全額控除適用の判定に用いる課税売上高は，次の計算式で計算します。

その課税期間における課税売上高	＝	課税売上高（税抜き）＋免税売上高

※１　売上対価の返還等があった場合には，売上高から控除します。
※２　その課税期間が１年未満であるときは，12ヶ月相当額に換算します。

110

2 課税売上割合の計算

参　照　消法30⑥／消令48／消規15の2／消基通11-5-1〜6

> ■**Point**■
> ■輸出免税は課税売上げ扱い
> ■株の譲渡は収入の5％を非課税売上高に

1 課税売上高が占める割合

課税売上割合は，その課税期間の総売上高のうちに課税売上高が占める割合です。課税売上高には，輸出免税となる売上高が含まれます。

$$
課税売上割合 = \frac{税抜課税売上高　+　免税売上高}{税抜課税売上高　+　免税売上高　+　非課税売上高}
$$

※　売上対価の返還等があった場合には，売上高から控除します。

2 輸出免税は課税売上げ扱い

課税売上高には，輸出免税となる売上高が含まれます。

輸出免税は，国外の消費に税負担を負わせないため，その税率を0％にするものです。課税標準額の計算以外は，いつも課税売上げと同様に取り扱います。

3 有価証券等の譲渡は5％算入

株や国債等の有価証券等を譲渡した場合は，その譲渡収入の5％を非課税売上高に算入します。資金運用の方法として預金を選択した場合は，受取利息が非課税売上げとなります。株を選んだ場合，株の購入と譲渡を繰り返すと，得られた利益に比べて膨大な譲渡収入が計上されます。そこで，両者のバランスをとるため，有価証券の譲渡収入は，その5％を非課税売上高にカウントすることとされています。

また，金銭債権の譲渡も，その譲渡収入の5％を非課税売上高に算入します。ただし，資産の譲渡等の対価として取得した金銭債権を譲渡した場合の譲渡収入は，ないものとします。手形の裏書譲渡，暗号資産の譲渡も非課税売上高に算入しません。

個別対応方式

参 照　消法30②③④⑥／消令47／消規15／消基通11－2－12〜13，11－2－13の3〜20，11－5－7〜9，15－2－7

■Point

■個別対応方式は課税仕入れ等を３つに区分して計算する方法

---

1 個別対応方式は課税仕入れ等の区分が要件

個別対応方式は，その課税期間の課税仕入れ等を①課税売上対応分，②非課税売上対応分，③共通対応分の３つに区分し，控除対象仕入税額を計算する方法です。

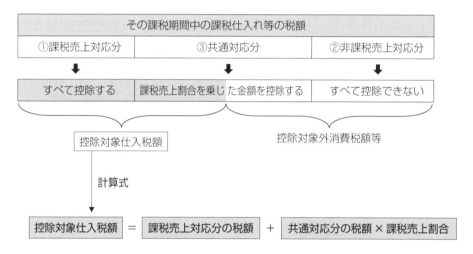

2 課税売上対応分は課税売上げのためにのみ要するもの

課税売上対応分とは，「課税資産の譲渡等を行うためにのみ要する」課税仕入れ又は課税貨物をいいます。

たとえば，次に掲げるものの課税仕入れ等がこれに該当します。

課税売上対応分の例
・　そのまま他に譲渡される課税資産
・　課税資産の製造用にのみ消費又は使用される原材料，容器，包紙，機械及び装置，工具，器具，備品等
・　課税資産に係る倉庫料，運送費，広告宣伝費，支払手数料，支払加工賃等
・　課税資産の製造のみを行う工場，課税資産の譲渡等のみを行う店舗において生じる課税仕入れ等
・　輸出販売，国外における販売のための課税仕入れ等

3　非課税売上対応分は非課税売上げのためにのみ要するもの

　非課税売上対応分とは，「非課税資産の譲渡等を行うためにのみ要する」課税仕入れ又は課税貨物をいいます。

　たとえば，次に掲げるものの課税仕入れ等がこれに該当します。

非課税売上対応分の例
・　賃貸用住宅の建築費用
・　住宅の賃貸に係る仲介手数料
・　土地の譲渡に係る仲介手数料
・　更地のまま販売する目的の土地の取得に係る仲介手数料や造成費用
・　有価証券の売買に際して証券会社に支払う手数料
・　債権譲渡契約締結のための弁護士費用

4　共通対応分は課税売上対応分にも非課税売上対応分にも該当しないもの

　共通対応分とは，課税売上対応分とも非課税売上対応分とも言い切れない課税仕入れ又は課税貨物をいいます。

　たとえば，次に掲げるものの課税仕入れ等がこれに該当します。

共通対応分の例
・　課税非課税一括売上げのための課税仕入れ等
・　課税売上げと非課税売上げを行う事業所において生じる支払家賃，電話料金，電気料金，管理費等
・　本社や企業全体の管理を行う総務部門等において生じる課税仕入れ
・　株券の発行にあたって印刷業者へ支払う印刷費や証券会社へ支払う引受手数料等のように資産の譲渡等に該当しない取引に要する課税仕入れ等
・　金銭以外の資産を贈与した場合のその贈与資産に係る課税仕入れ等

5 輸出や国外売上げのための仕入れは課税売上対応分

　消費税は，それを消費する国において課税する，というのが国際的な慣行です。これを消費地課税主義又は仕向地主義といいます。

　消費地課税主義によれば，外国の消費者に日本の消費税を負担させないため，輸出販売する商品，国外で販売する商品については，日本の消費税をすべて取り除いておく必要があります。したがって，輸出するまでにかかった仕入れの消費税額は，課税売上対応分として控除します。その税額は「輸出戻し税」となって輸出した企業に戻されます。

6 区分は仕入れの日の状況による

　上記３つの区分は，仕入れを行った日の状況により判断します。

7 共通対応分は合理的な基準で区分できる

　仕入れの日の状況により共通対応分となる課税仕入れ等であっても，使用の実績等の「合理的な基準」があれば，それにより，改めて，課税売上対応分と非課税売上対応分とに区分することができます。

8 個別対応方式では「課税売上割合に準ずる割合」が使える

　個別対応方式は，課税仕入れ等をその目的別に区分して，控除することができる税額を計算する方法です。最も事務手数がかかり，最も厳密な計算を行う方法といえます。このような計算を行う場合には，費用の発生の実態を反映する結果となるよう，課税売上割合に代えて，その事業者の状況を考慮して従事者数や床面積の比率により算出した「課税売上割合に準ずる割合」を適用することができます。

　ただし，「課税売上割合に準ずる割合」を適用するためには，その課税期間の末日までに税務署長の承認を受ける必要があります。

9 個別対応方式に２年間継続適用はない

　個別対応方式については，一括比例配分方式のような２年間継続適用の規定はありません。

4 一括比例配分方式

参　照　消法30②④⑤⑥／消基通11－2－21，15－2－7

> ■**Point**
> ■一括比例配分方式は課税仕入れ等の税額に課税売上割合を乗じて計算する方法
> ■一括比例配分方式は2年間継続適用

1 一括比例配分方式は区分に関係なく計算

　一括比例配分方式は，その課税期間の課税仕入れ等の税額の全体に課税売上割合を乗じて，控除対象仕入税額を計算します。

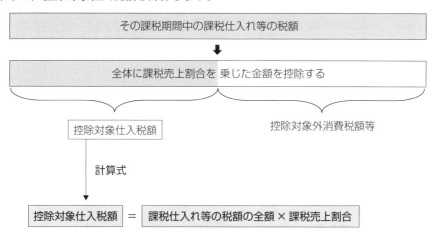

2 一括比例配分方式は2年間継続適用

　一括比例配分方式は，課税仕入れ等を用途別に区分せず，全体に課税売上割合を乗じて計算する方法です。事務手数が省略できる代わりに，計算はザックリしたものとなります。時にこれが，「非課税売上げのための仕入れは控除しない」という本来の考え方に反して，多額の控除額を計算させる結果となる場合もあります。たとえば，賃貸マンションを建築してその対価が1億円であれば，消費税等の額は1,000万円

（税率10％）となります。この1,000万円は本来控除できない税額です。しかし，その課税期間の家賃収入が少なく，駐車場賃貸収入等が多ければ，課税売上割合が高く計算され，マンション建築費に係る税額の多くが控除可能となります。

　このようなことを踏まえ，個別対応方式と一括比例配分方式とを自由に使い分けて控除額を操作することを防止するため，一括比例配分方式を適用した場合には，2年間継続適用することが義務付けられています。

　また，翌々事業年度において課税売上割合が著しく変動した場合には，控除額を見直す特例計算があります（第7章参照）。

③　一括比例配分方式では「課税売上割合に準ずる割合」は使えない

　一括比例配分方式においては，課税売上割合に準ずる割合を適用することはできません。

④　課税仕入れ等を区分していても適用することができる

　課税仕入れ等を用途別に区分していて個別対応方式を適用することができる場合であっても，一括比例配分方式を選択して適用することができます。

一括比例配分方式は用途区分がいりません。

でも，2年間継続適用。
それに，課税売上割合が低いと控除額が少なくなるわ。

5　課税仕入れ等の税額

参　照　消法30⑥／消基通11−4−1～5

■Point

■国内課税仕入れの税額は支払対価×$\dfrac{7.8}{110}$（税率10%の場合）

■輸入の場合は税関で納付した税額

1　国内課税仕入れは支払対価，輸入は税関で納付した額

　課税仕入れ等の税額は，国内課税仕入れの税額と輸入の税額を合計したものです。

　国内課税仕入れの税額は，その課税期間に国内で行った課税仕入れについて支払うべき税込金額をすべて合計し，その合計額に$\dfrac{7.8}{110}$（税率10%の場合）を乗じて計算します。代金未払いであっても，商品の引渡しを受けたら，支払うべき金額を計算に入れます。その課税期間に貨物の輸入をした場合には，税関で支払った消費税額を課税仕入れ等の税額に加えます。

　全額控除の場合，両者を合計した税額のすべてを控除することができます。

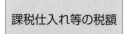

課税仕入れ等の税額 ＝ 国内課税仕入れの支払対価（税込）の合計額×$\dfrac{7.8}{110}$
＋
貨物の輸入につき税関で支払った消費税額

　※　地方消費税2.2%は後で計算します。

2　法人税との違い

　法人税では費用収益対応の原則があり，仕入れた商品がその事業年度に販売されなければ，期末の在庫として資産に計上し，損金の額に算入することはできません。

　しかし，消費税には期間利益を算定するという考え方がないため，その課税期間に発生した仕入れは，販売されたかどうかにかかわりなく，税額控除の対象となります。

　また，減価償却資産についても，購入した時点で支払対価のすべてを税額控除の対象として計算します。

旧税率又は軽減税率の課税仕入れがある場合

参　照　税制抜本改革法附則2，15，28年改正法附則34②

■Point
■異なる税率の課税仕入れがあるときは，税率ごとに集計する

1 税率ごとに仕入高を集計

　令和元年10月1日以後の消費税の税率は10％ですが，飲食料品の譲渡及び定期購読契約に基づく新聞の譲渡には軽減税率が適用されます。

　また，令和元年10月1日以後においても，なお旧税率を適用する経過措置があります。

　これら複数の税率の課税仕入れがある場合には，それぞれの税率ごとに課税仕入れの支払対価の額を集計し，仕入れの税額を計算します。例えば，次のような計算となります。

(1)　支払対価の額（税込み）

> ①　軽減税率8％の課税仕入れに係る支払対価の額：2,160万円
> ②　標準税率10％の課税仕入れに係る支払対価の額：4,400万円
> ③　旧税率8％の課税仕入れに係る支払対価の額　：1,620万円

(2)　仕 入 税 額

> ①　軽減税率8％の税額　　2,160万円 $\times \dfrac{6.24}{108} = 1,248,000$円
>
> ②　標準税率10％の税額　　4,400万円 $\times \dfrac{7.8}{110} = 3,120,000$円
>
> ③　旧税率8％の税額　　　1,620万円 $\times \dfrac{6.3}{108} = $　945,000円
>
> 　　合計　　　　　　　　　　　　　　　　　　5,313,000円

　※　地方消費税の額は，後から計算します。

2　個別対応方式の場合は用途の区分が必要

個別対応方式を適用する場合は，課税仕入れ等の用途を区分する必要があります。したがって，税率の異なるごとに用途を区分しなければなりません。

3　輸入の消費税額は税関で支払った金額

保税地域から課税貨物を引き取る場合には，輸入の消費税が課税され，事業者においては，輸入の消費税は，控除対象仕入税額の計算の基礎となります。輸入取引は国内の仕入取引とは区分して，課税された輸入の消費税額を集計します。

4　軽減税率対象の売上げがない事業者

飲食料品の譲渡及び新聞の譲渡を行わない事業者は，売上げに軽減税率が適用されることはありません。しかし，次のような勘定科目には，軽減税率の適用対象となる課税仕入れがあると考えられます。

- ・　新聞図書費
- ・　福利厚生費
- ・　接待交際費
- ・　広告宣伝費
- ・　会議費

税率ごとに分けて計算します。税率ごとに区分管理していないと申告書は作成できません。

7 課税仕入れとは

参 照　消法2①十二／消基通11－1－1〜5，11－2－1〜11，11－2－23

■Point

■課税仕入れとは販売する事業者において課税売上げとなるもの

■消費者からの仕入れもOK

■免税事業者からの仕入れもOK

1　消費税の「仕入れ」

　一般に仕入れといえば販売商品を購入することですが，消費税でいう仕入れは，棚卸資産に限らず，消耗品や固定資産の購入，資産の借受け，業務の外部委託など，事業を遂行するために行う物やサービスの調達のすべてを指します。

2　国内課税仕入れの判定

　国内において行った課税仕入れとは，販売する事業者において課税売上げとなるものです。

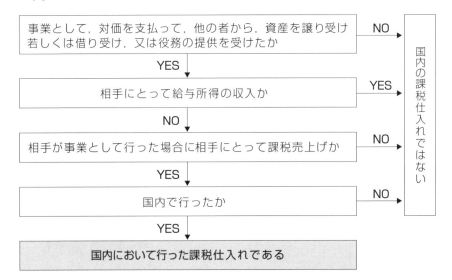

3　消費者からの仕入れもOK

　消費者から買い取った場合でも，それが課税資産であれば，仕入税額控除の対象となります。その仕入れが課税仕入れになるかどうかは，仕入先が，仮に，事業者であった場合に課税売上げとなるかどうかで判断します。

　たとえば，リサイクル業者が，一般消費者から不用となった家具を買い取ったとします。一般消費者は事業者ではないので，家具を売っても課税売上げにはなりません。しかし，仮にこの人が家具屋であれば商品の販売という課税売上げとなるので，買い取ったほうから見れば，課税仕入れということになります。

4　免税事業者からの仕入れもOK

　仕入先が課税事業者であるか免税事業者であるかは，確認する必要はありません。免税事業者から買い取った場合でも，それが課税資産であれば，仕入税額控除の対象となります。これは，日本の消費税の特徴の１つです。

　免税事業者は消費税の納税をしないので，本体価額に消費税額を上乗せしないで販売していることがあります。このような場合でも，支払った金額には，必ず消費税が含まれているものとして，控除対象仕入税額を計算します。

課税事業者

消費者

免税事業者

課税資産なら
誰から買っても課税仕入れね

　※　適格請求書等保存方式（日本型インボイス制度）が導入される令和５年10月１日以後は，原則として，国税庁に登録した課税事業者からの課税仕入れであることが仕入税額控除の要件となります。

保険金や損害賠償金を支払いに充てた建築費

参 照　消基通11－2－10

> ■**Point**
> ■仕入先に支払うお金をどうやって調達したかは関係ない

1　受け取った保険金で支払う建築費も課税仕入れ

たとえば，火災が発生し保険金を受け取った場合，保険金の受取りは課税対象外の取引であり，受け取った保険金に消費税が課税されることはありません。この課税されていない保険金を新しい建物等の建築代金の支払いに充てた場合でも，建設費は課税仕入れとして仕入税額控除の対象となります。

課税仕入れになるかどうかは，買ったものが課税資産であるかどうか，仕入れそのものが課税取引であるかどうかで判断します。その支払いのための資金をどうやって調達したかは関係ありません。

2　損害賠償金や寄附金も同じ

損害賠償金や補助金，寄附金，お見舞金等についても同様に，その受取りには消費税が課税されませんが，それを支払いに充てた場合であっても，課税資産を購入すれば，課税仕入れとなります。

3　用途区分は

個別対応方式を適用するための区分は，調達に充てた資金に関係なく，その課税仕入れの用途は何か，期待される売上げは何かを考えます。

建物を取得する場合は，本社として使用するときには，共通対応分となります。本社業務は，会社全体に奉仕するものであり，特定の売上げと結び付けることができないからです。

課税売上げのみが発生する店舗や事業部門の事務所として使用する建物であれば，たとえ本社で資金調達をしていても課税売上対応分となります。

9　事故や盗難にあった商品の仕入れ

参　照　消基通11−2−11，11−2−14，11−2−20

▎Point

■事故などでなくなってしまった商品の仕入れも控除できる

■見本品や試供品の仕入れも控除できる

1　事故や盗難により滅失した商品も課税仕入れ

　災害や事故，盗難等によって販売することができなかった商品は，課税売上げには繋がらなかったものですが，仕入税額控除の対象となります。

　仕入税額控除の計算は，その仕入れの時にその仕入れの事実によって，判断することを基本としているからです。

　個別対応方式を適用するための区分は，結果ではなく，仕入れをした日の状況で行います。したがって，結果的に販売することができなかったものであっても，そのまま他に販売する目的で仕入れた課税資産の仕入れは，課税売上対応分となります。

2　見本品や試供品も課税仕入れ

　得意先に対して，無償で提供する見本品や試供品等の仕入れは，それが課税資産であれば，課税仕入れとなります。

　また，見本品や試供品は，販売するために仕入れたものではありませんが，商品の販売促進を目的に得意先に配るものですから，課税売上対応分に区分します。

見本を配るのは商品を売るためです

給料，賞与，人材派遣料の支払い

参　照　消法2①十二／消基通5-5-10～11，11-1-2，11-2-1～5

■**Point**
- ■給与や賞与は課税仕入れにならない
- ■人材派遣会社に支払う労働者派遣料は課税仕入れ

1　給与，賞与は課税仕入れにならない

雇用契約又は雇用契約に準ずる契約に基づく給与，賞与，退職金等は，不課税取引とされています。役員給与も，課税仕入れになりません。

2　通勤手当は課税仕入れ

給与に含まれる手当金のうち，通勤に通常必要な通勤手当は，所得税の非課税限度額10万円を超える部分であっても，交通機関に直接支払った場合と同様に，仕入税額控除の対象となります。

3　国内出張は課税仕入れ

出張旅費，宿泊費，日当，就職や転勤のための引越し費用は，給与ではなく，課税仕入れとなります。ただし，通常必要と認められる範囲を超えて支給し，給与所得課税されるものは控除できません。

海外出張でその旅費等に消費税が課税されないものも課税仕入れになりません。

4　人材派遣料は課税仕入れ

人材派遣会社に支払う労働者派遣料は，給与ではないため，仕入税額控除の対象となります。

5　社会保険料の支払いは控除できない

事業者が負担する健康保険料，厚生年金保険料，雇用保険料，労災保険料等は，非課税です。課税仕入れではありません。

11　交際費の損金不算入額の取扱い

参　照　消基通11−2−23／措法61の4

Point

■　「交際費の損金不算入」は消費税には適用されない

1　接待交際費も他の科目と同様に判断する

　法人税においては，接待交際費について損金不算入の規定があります。しかし，消費税においては，接待交際費について特に控除できないとする規定はありません。

　ただし，金銭を相手方に贈与する香典や祝金等は，仕入れの対価として支払ったものではないので，課税仕入れではありません。

2　渡しきり交際費は控除できない

　渡しきり交際費は，所得税法においてその支払いを受けた役員等の給与として課税するものとされています。消費税法上も，渡しきり交際費はその内容がわからないため，課税仕入れになりません。

3　使途不明金は控除できない

　仕入税額控除の対象となるのは，その仕入れが課税取引であることが確認できるものに限られます。

　したがって，交際費，機密費などの名目で会社が負担した経費であっても，その使途を明らかにできない費用は控除できません。

4　交際費の区分は原則として共通対応分

　個別対応方式において，交際費は，原則として共通対応分となります。

　ただし，その内容によって，個別に区分することも可能です。

源泉所得税と消費税の関係

参　照　消基通10－1－13／消費税法等の施行に伴う源泉所得税の取扱いについて（法令解釈通達）

> **■Point**
> ■源泉徴収前の報酬額が課税仕入れの対価
> ■源泉徴収税額は税込み，税抜き，いずれもOK

1 源泉徴収前の報酬額が課税仕入れの対価

　税理士，弁護士，司法書士などの報酬を支払う事業者は，その支払いの際，源泉所得税を徴収して，翌月10日までに，支払者の名で納付することとされています。

　この場合の課税仕入れの対価の額は，源泉徴収を行う前の報酬総額です。

2 源泉徴収税額は税込み，税抜き，いずれもOK

　報酬等の源泉徴収税額は，原則として，消費税の額を含めた金額を対象として計算します。ただし，請求書等において，報酬等の額と消費税の額が明確に区分されている場合には，消費税額を除いた報酬等の額を源泉徴収の対象とすることもできます。

【請求書】	
報酬の額	100,000円
消費税等	10,000円
計	110,000円
源泉所得税	10,000円
復興特別所得税	210円
差引お支払額	99,790円

← どちらもOK！➡

【請求書】	
報酬の額	100,000円
消費税等	10,000円
計	110,000円
源泉所得税	11,000円
復興特別所得税	231円
差引お支払額	98,769円

　平成23年12月2日，東日本大震災からの復興のための施策を実施するために必要な財源の確保に関する特別措置法が公布され，「復興特別所得税」が創設されました。平成25年1月1日以後は，所得税額の2.1％の復興特別所得税をあわせて源泉徴収することとされています。

13 印紙税と消費税の関係

参　照　消費税法の改正等に伴う印紙税の取扱いについて（法令解釈通達）

> **Point**
> ■印紙税の額は課税文書の種類と記載金額による
> ■明確な消費税額は記載金額に含めないでOK

1 印紙税の額は課税文書の種類と記載金額による

印紙税は，印紙税法で定められた課税文書に課税されます。

課税文書の種類とその記載金額により，印紙税の額が決まります。

2 明確な消費税額は記載金額に含めない

印紙税の課税文書のうち領収書等については，消費税の額が区分記載されているときや税込価格及び税抜価格が記載されていることにより消費税の額が明らかとなる場合には，その消費税額は印紙税の記載金額に含めないこととされています。

この取扱いの適用がある課税文書は，次の３つに限られています。

(1) 不動産の譲渡等に関する契約書（第１号文書）

(2) 請負に関する契約書（第２号文書）

(3) 金銭又は有価証券の受取書（第17号文書）

【請負契約書】
請負金額1,100万円
うち消費税額等100万円

【請負契約書】
請負金額1,100万円
税抜価格1,000万円

消費税額等が容易に計算できるので，
記載金額は1,000万円となる。　印紙税額は１万円

【請負契約書】
請負金額1,100万円
消費税額等10%を含む

消費税額等が必ずしも明らかであるとはいえないので，
記載金額は1,100万円となる。　印紙税額は２万円

建設工事の請負契約については，令和２年３月末までは，特例により，印紙税が軽減されます。

14 仕入税額控除のタイミング

参照 消基通11－3－1～8

> ■**Point**
> ■引渡しを受けた課税期間に控除する
> ■固定資産や在庫についても買った時に控除する

1 仕入税額控除は買った時

仕入税額控除のタイミングは，物を買った時です。

物を買った時とは，その引渡しを受けた時であって，代金の支払い時期は関係ありません。

```
資産の購入…………資産の引渡しを受けた日  ⎫
資産の借受け………資産を借り受けた日      ⎬ の課税期間に控除
サービスの提供……サービスの提供を受けた日 ⎭
```

2 法人税と違って売れたかどうかは関係ない

法人税では費用収益対応の原則があり，仕入れた商品がその事業年度に販売されなければ，期末の在庫として資産に計上し，損金の額に算入することはできません。

法人税と違って，消費税には「その課税期間の利益を計算する」という考え方はありません。仕入れた商品がその課税期間に売れたかどうか関係なく，「いつ仕入れたのか」で控除する課税期間が決まります。

3 減価償却資産も買った時に控除する

減価償却資産についても，期間利益を算定するという考え方がないため，購入した時点で，その課税仕入れ等の税額の全額が控除の対象となります。

4　前払金の支払いは仕入れではない

　手付金，仮払金，前払金等を支払った時点では，仕入商品の引渡しが行われていないため，仕入税額控除はできません。

5　短期前払費用は支払った時点で控除

　法人税において，支払った日から1年以内にサービスの提供を受ける短期の前払費用については，支払った事業年度の経費として所得の金額を計算することが認められています。法人税でこの取扱いを適用している場合には，消費税においても，その全額を支払った課税期間の課税仕入れとします。

6　郵便切手類や商品券は控除時期の特例

　郵便切手や商品券，プリペイドカードの仕入れについては，原則として，買った時は非課税であり，それを使用した時に課税仕入れとなります。しかし，この原則によれば，事務処理が煩雑になることから，
　①　使用する目的で購入（贈与や売却するものでない）
　②　継続適用（毎期同じ処理を行う）
を要件に，買った時に仕入税額控除を行うことが認められます。

7　工事を発注した場合の建設仮勘定は控除時期の特例

　会計上，建物等の建設工事を発注した場合には，その完成までに支払った金額は建設仮勘定に整理し，完成引渡しを受けた課税期間に建物勘定等に振り替えます。

　建設仮勘定に整理された金額は，設計事務所へ支払う設計料は設計が完了した時，材料等の購入費はその材料を購入した時，建設会社に支払う工事代金はその建物等の引渡しを受けた時，というように，仕入税額控除をするタイミングがそれぞれ異なります。

　したがって，建設仮勘定の中には既に控除した課税仕入れと将来において課税仕入れとなるものが混在することになり，仕入税額控除のための事務処理が煩雑になります。そこで，建設仮勘定に計上した時点では仕入税額控除を見合わせ，完成引渡しの時点でまとめて仕入税額控除の対象とすることが認められています。

15 仕入値引き，返品，リベートの受取り等

参　照　消法32①②／消令52／消基通12−1−1〜12

> ■**Point**■■■■■■■■■■■■■■■■■■■■■■■■■■■■■■■
> ■仕入値引きやリベートの支払いを受けると控除税額が減少
> ■減少する税額が多ければ追加納付も

1 値引き等を受けると控除税額が減少

　課税仕入れについて値引きを受けたり，リベートを受け取ったりしたときは，その値引き等に対する消費税額だけ，課税仕入れの税額を減少させなければなりません。

　つまり，値引き等を控除した純仕入額が税額控除の対象となります。

　仕入割引，販売奨励金や事業分量配当金の受取りも減少の要因となります。

2 控除額減少のタイミング

　課税仕入れを行った課税期間の翌課税期間以後に値引き等を受けた場合には，値引き等を受けた課税期間に控除税額を減額します。

3 減少する税額が多ければ追加納付も

　その課税期間の控除対象仕入税額から，仕入値引き等に係る消費税額を控除して控除しきれない金額は，売上げの消費税額に追加して納付しなければなりません。

4 免税事業者であった時の課税仕入れは対象外

　この取扱いは，控除対象仕入税額の訂正を行うものですから，もとの仕入れが仕入税額控除の対象とされていない場合には適用されません。したがって，免税事業者であった時の課税仕入れについて値引き等を受けても，控除対象仕入税額を減少させる必要はありません。

16 帳簿及び請求書がないと仕入税額控除できない

参　照　消法30⑦～⑨，⑫，58／消令49，50，71／消規15の3，27／消基通11－2
－22，11－6－1～7

■Point
■3万円以上の仕入れでは，帳簿と請求書等の両方が必要

---

1 帳簿と請求書等の両方を7年間保存

仕入税額控除をするためには，帳簿及び請求書等の両方を確定申告期限から7年間保存していなければなりません。

ここでいう帳簿及び請求書等とは，次の事項が記載してあるものです。

種　類	記載事項
帳　簿	① 仕入先の名称 ② 仕入れの日（月・週などのまとめ期間でも可） ③ 仕入資産・役務の内容 ④ 支払対価の額
請求書等	① 仕入先の名称 ② 仕入れの日（月・週などのまとめ期間でも可） ③ 仕入資産・役務の内容 ④ 支払対価の額 ⑤ 購入者の名称（購入者が作成する場合には，仕入先の確認を受けることが必要）

2 3万円未満なら請求書は不要

1回の税込取引額が3万円未満の場合には，帳簿の保存は必要ですが，請求書等は不要です。3万円以上でも，自動販売機での購入や回収される乗車切符の購入などの場合には不要となります。

3 災害時には帳簿と請求書等の両方が不要

災害その他やむを得ない事情があった場合には，帳簿と請求書等の両方の要件が免除されます。

軽減税率対象の仕入れには区分記載請求書等保存方式

参　照　28年改正法附則34②③

> ■**Point**
> ■軽減税率対象品目とそれ以外を一括購入した場合は区分記載請求書等を保存

1　軽減税率対象品目の仕入れはその旨を帳簿に記載

軽減対象資産の仕入れをした場合には，帳簿にその旨を記載します。

2　軽減税率対象品目とそれ以外を一括購入した場合は区分記載請求書等を保存

軽減税率対象品目とそれ以外を一括購入した場合には，「区分記載請求書」の保存が必要です。区分記載請求書等とは，次の事項が追加記載された納品書，請求書，領収書等をいいます。

> ①　軽減税率の対象にはその旨，②　税率ごとに合計した税込対価の額

例えば，次のような記載です。

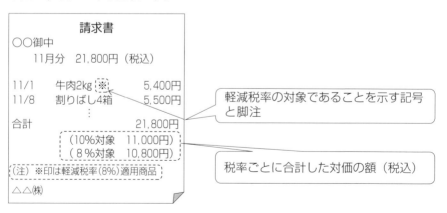

①②の事項が記載されていない請求書等を受け取った場合は，これらの事項を事実に基づき追記することが認められます。

18 輸入の消費税額の控除

参 照　消法2①二，30，32④⑤／消令46，49⑤，52③④／消基通11－1－6，11
－3－9～11，12－1－13～14

> ■**Point**
> ■税関で納付した消費税額が仕入税額控除の対象

1 税関で納付した消費税額が仕入税額控除の対象

　課税事業者が，貨物を輸入して税関で消費税を納付した場合には，その納付した消費税額が，仕入税額控除の対象となります。

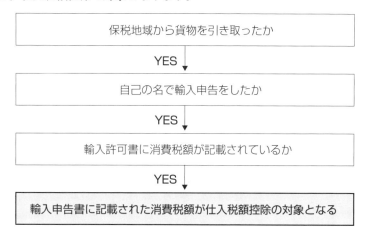

保税地域から貨物を引き取ったか
YES↓
自己の名で輸入申告をしたか
YES↓
輸入許可書に消費税額が記載されているか
YES↓
輸入申告書に記載された消費税額が仕入税額控除の対象となる

　その納付した消費税額を国内の課税仕入れに係る消費税額と合わせて，全額控除，個別対応方式，一括比例配分方式により，控除対象仕入税額を計算します。

　個人事業者の場合は，事業のために輸入したものが控除の対象となります。

2 輸入許可書の保存が必要

　輸入の消費税は，輸入許可書に記載されている消費税額が控除額の計算の基礎となるので，輸入許可書の保存がない場合は控除できません。

3 還付を受けたら控除額を減額

輸入品に欠陥があったり，送られた貨物が違約品であったりしたことにより，売り主へ返送することがやむを得ないと認められた場合は，一定の要件のもとに，納付済みの関税や消費税の還付を受けることが可能です。

税関で手続きを行い，消費税の還付を受けた場合には，その還付につき，その還付を受けた課税期間の課税仕入れ等の税額を減額する計算を行わなければなりません。

したがって，関税と違って，消費税については，税関から消費税額の還付を受けても，その金額がそのまま課税仕入れ等の税額の減額となるので，実質的なメリットはありません。

ただし，一括比例配分方式を適用している場合等には，還付を受けた消費税額のうち，一定金額だけが控除対象仕入税額を減少させる金額となります。

| 税関から輸入の消費税10万円の還付を受けた | → | 【全額控除の場合】
控除対象仕入税額が10万円減少するので還付のメリットはない

【個別対応方式の場合】
・課税売上対応分であるときは控除対象仕入税額が10万円減少するので還付のメリットはない
・非課税売上対応であるときは控除対象仕入税額は減少しないので還付のメリットがある（もともと控除していない）
・共通対応分であるときは一括比例配分方式と同様のメリットがある

【一括比例配分方式の場合】
課税売上割合が50％なら，減少する控除対象仕入税額は10万円×50％＝5万円となるので還付のメリットがある

【簡易課税の場合，免税事業者の場合】
還付された10万円が利益となるので還付のメリットがある |

※ 還付を受けた関税額は，控除対象仕入税額を減額する計算に関係しません。

134

第6章

仕入れの消費税額の特例
（非課税資産の輸出取引等と国外移送）

5分間レクチャー！

非課税資産の輸出取引等と国外移送

📎 **Check Point**

■国外の消費者に日本の消費税を負担させない措置

■課税売上割合の計算と課税仕入れ等の区分の特例

1 国外の消費者に日本の消費税を負担させない措置

消費税は，消費地課税主義が国際的なルールです。国外の消費者に日本の消費税を負担させないために，国外での消費につながるものについては，日本国内において生じた消費税額のすべてを仕入税額控除の対象とします。

具体的には，免税売上げのためや国外売上げのためにした課税仕入れはすべて控除対象とされています。

加えて，輸出する商品が非課税資産であってもそれについての課税仕入れはすべて控除するなど，次のような特例規定が設けられています。

2 非課税資産の輸出取引等は免税売上げ扱い

非課税資産の譲渡等が，輸出取引等として行われた場合には，その譲渡対価の額を免税売上高として課税売上割合を計算し，その非課税資産の輸出取引等のために要した課税仕入れ等は課税売上対応分に区分します。

3 資産の国外移送は免税売上げ扱い

国外において行う資産の譲渡等又は国外支店等での使用のために資産を輸出した場合には，その輸出する資産の本船甲板渡し価格を課税売上高として課税売上割合を計算し，その資産の課税仕入れ等は課税売上対応分に区分します。

1 非課税資産の輸出取引等をしたときは

参　照　消法7①，31①／消令17②③，51①②／消規16①③

■Point■
■非課税資産の輸出取引等は免税売上げ扱い

1 非課税資産の輸出取引等は免税売上げ扱い

非課税資産の譲渡等が，輸出取引等として行われた場合には，次の処理を行います。

① その譲渡対価の額を免税売上高として課税売上割合を計算

② その非課税資産の輸出取引等のために要した課税仕入れ等は課税売上対応分

2 輸出証明の保存が要件

この取扱いは，輸出取引等を証明する書類の保存が，適用の要件です。

また，有価証券，支払手段，金銭債権の譲渡は，適用除外とされています。

3 非居住者からの利息の受取り等が該当

非課税資産の輸出取引等には，たとえば，国内において，非居住者から貸付金の利息を受け取る行為や，外国債に係る利息を受け取る行為が該当します。

課税売上割合の計算上，

① 非居住者Bから受ける利息10,000は免税売上高に算入します。

② 非居住者Cから受ける債権の譲渡収入10,000は，500（10,000×5％）を非課税売上高に算入します。

（金銭債権の譲渡は，この特例の適用除外とされているので，通常の国内の者に対する譲渡と同じ取扱いです）

2　資産を国外へ移送したときは

参　照　消法31②③／消令51①③④／消規16②③／消基通11−7−1

■Point

■資産の国外移送は免税売上げ扱い

1　資産の国外移送は免税売上げ扱い

　国外において行う資産の譲渡等又は国外支店等での使用のために資産を輸出した場合には，次の処理を行います。

①　輸出する資産の本船甲板渡し価格を免税売上高として課税売上割合を計算

②　その資産の課税仕入れ等は課税売上対応分

2　輸出証明の保存が要件

　この取扱いは，輸出を証明する書類の保存が，適用の要件です。

　また，有価証券，支払手段，金銭債権の輸出は，適用除外とされています。

3　国外支店への商品，備品の移送等が該当

　たとえば，国外支店に向けて，国外支店で販売する商品や国外支店で使用する備品を送る行為が，これに該当します。

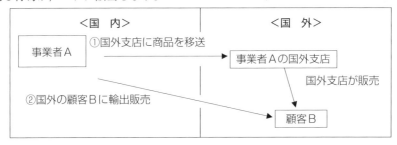

　①のように国外支店経由で国外の顧客に販売した場合も，②の輸出販売と同様の仕入税額控除ができるように，①の移送の時点で，その本船甲板渡し価格を課税売上高として課税売上割合を計算し，これに係る課税仕入れは課税売上対応分に区分します。

第7章

仕入れの消費税額の調整
（棚卸資産又は固定資産に係る調整）

5分間レクチャー！

調整は棚卸資産と固定資産

📎 **Check Point**

■棚卸資産については売上げの課税と仕入れの控除のバランス

■固定資産については３年間の観察期間

仕入れに係る消費税額の調整
棚卸資産について→「課税事業者となった場合等の棚卸資産に係る消費税額の調整」
固定資産について→「調整対象固定資産に関する仕入れに係る消費税額の調整」

1 消費税の基本的な考え方

　会計上，棚卸資産のうち，その会計期間において実現した収益に対応するものは売上原価となり，期末棚卸資産は翌期以後の原価となります。また，固定資産は，購入時には資産に計上し，減価償却によって各会計期間に費用配分します。

　消費税には，このような費用収益の期間的対応という概念はありません。

　消費税は，「いつ，何を，いくらで売ったのか」，「いつ，何を，いくらで買ったのか」をみて税額計算の基礎とします。したがって，仕入れの消費税額は，棚卸資産又は固定資産であっても仕入時の課税期間において即時に控除することとされています。

2 棚卸資産の税額の調整

　しかし，免税事業者であった課税期間に仕入れをした棚卸資産を課税事業者となった課税期間に販売した場合には，仕入税額控除をしなかったのに，売上げには課税される，という不合理が生じます。そこで，棚卸資産については，

売上げの課税と仕入れの控除のバランスをとるため，免税事業者が課税事業者となった場合，又は，課税事業者が免税事業者となる場合に控除税額を調整する措置が設けられています。

③　固定資産の税額の調整

　長年にわたって使用する固定資産について，取得した課税期間の状況だけで課税関係を完結させてしまうと，課税売上割合が大きく変動した場合やその固定資産の使用目的を変更した場合には，控除対象仕入税額の計算と，売上げと仕入れとの関係の実態とが，かけ離れたものになってしまいます。また，仕入れの課税期間だけ課税売上割合を意図的に高くするなどの操作を行う節税も可能となります。

　そこで，固定資産については，仕入れの後3年間は，状況の変化に応じて，控除税額の調整を行う規定が設けられています。

④　旧税率による調整

　仕入れを行った後に税率の引上げがあった場合には，その調整額は，仕入れについて適用した税率により計算します。

棚卸資産については
免税業者から課税事業者
になったとき
課税事業者から免税事業者
になるとき

固定資産については
3年間，注意！

棚卸資産に係る消費税額の調整

参 照 消法2①十五, 36／消令4, 54／消基通12－6－1～5

> ■**Point**
> ■当期から課税事業者になった場合は期首棚卸資産の税額を加算
> ■翌期から免税事業者になる場合は期末棚卸資産の税額を除く

1 当期から課税事業者になった場合は期首棚卸資産の税額を加算

　免税事業者が課税事業者となった場合には, 課税事業者となった課税期間の期首棚卸資産に係る消費税額を, その課税事業者となった課税期間の控除対象仕入税額に加算する調整を行います。

　免税事業者であった期間中に仕入れたすべての期首棚卸資産が対象です。

　この調整は, 控除額が増えるので, 棚卸資産の明細を記録した書類の保存が要件となっています。

2 翌期から免税事業者になる場合は期末棚卸資産の税額を除く

　課税事業者が翌期から免税事業者となる場合には, 期末棚卸資産に係る消費税額をその課税期間の控除対象仕入税額から除く調整を行います。

　期末棚卸資産のうち, 当課税期間において仕入れたものが対象です。当課税期間前に仕入れたものが期末棚卸資産となっていても, 調整の必要はありません。

3 簡易課税なら適用なし

　課税事業者となった課税期間又は翌期から免税事業者となる課税期間において簡易課税制度を適用する場合は, 上記の調整はありません。

4 棚卸資産とは商品や仕掛品

　棚卸資産とは, 商品又は製品, 半製品, 仕掛品, 原材料, 消耗品で貯蔵中のものなどをいいます。

2　固定資産に係る消費税額の調整

参　照　消法2①十六, 33〜35／消令5, 53／消基通12−2−1〜5

■Point■■■■■■■■■■■■■■■■■■■■■■■■■■■■■■■

■課税売上割合が著しく変動した場合の調整

■調整対象固定資産を転用した場合の調整

1　固定資産については2種類の調整がある

固定資産に係る消費税額の調整には, 次の2つがあります。

① 課税売上割合が著しく変動した場合の調整

② 調整対象固定資産を転用した場合の調整

2　簡易課税なら適用なし

仕入れ等の課税期間又はその調整を行うべき課税期間において簡易課税制度を適用する場合は, 上記の調整はありません。

3　対象となる固定資産

調整の対象となる固定資産を, 「調整対象固定資産」といいます。

調整対象固定資産とは, 棚卸資産以外の資産で, 建物, 構築物, 機械, 車両, 備品等のうち, その税抜対価の額が100万円以上のものをいいます。

輸入した固定資産も, 輸入の課税標準額が100万円以上であれば, 調整対象固定資産となります。

4　控除しきれない金額は納付

調整は, 控除対象仕入税額を増加させたり減少させたりするものです。

控除税額を減少させる調整において, 調整する税額をその課税期間の控除対象仕入税額から控除して控除しきれない税額があるときは, その控除しきれない税額を納付することになります。

3 課税売上割合が著しく変動した場合

参 照　消法2①十六, 33／消令5, 53／消基通12−3−1〜3

■Point

■仕入れ時の処理が比例配分法なら第三年度に調整

---

1 仕入れ時の処理が比例配分法なら第三年度に調整

次の要件に該当する場合には，第三年度の課税期間において控除対象仕入税額の調整を行います。

課税売上割合が著しく変動した場合の調整の要件
① 仕入れ時の処理が次のいずれか（比例配分法）
・ 課税仕入れ等の税額の全額を控除した
・ 一括比例配分方式により控除対象仕入税額の計算を行った
・ 個別対応方式によりその調整対象固定資産を共通対応分として控除税額の計算を行った
② 第三年度の課税期間の末日においてその調整対象固定資産を保有している
③ 通算課税売上割合が著しく増加又は減少している

調　整　処　理
第三年度の課税期間において，通算課税売上割合による控除額で計算し直す調整を行う。

---

2 5割以上変動すると著しい変動

著しく変動した場合とは，通算課税売上割合が仕入時の課税売上割合に比べ50%以上変動した場合で，かつ，その変動の幅が5%以上である場合をいいます。

① 変動差≧5% （変動差＝仕入時の課税売上割合と通算課税売上割合との差） ② 変動率≧50% （変動率＝変動差／仕入時の課税売上割合）	①② いずれにも該当 →	著しい変動

❸　第三年度の課税期間は３年目の課税期間

　第三年度の課税期間とは，調整対象固定資産の仕入れ等の課税期間の開始の日から３年を経過する日の属する課税期間をいいます。

❹　通算課税売上割合は３年間の通算

　通算課税売上割合とは，仕入れ等の課税期間から第三年度の課税期間までの各課税期間に適用されるべき課税売上割合を通算した割合をいいます。

　つまり，仕入れ等の課税期間から第三年度の課税期間までを１つの課税期間と考えた場合に計算される課税売上割合です。

❺　調整額は通算課税売上割合で計算し直した差額

　調整は，仕入れ時に計算した控除額と通算課税売上割合により計算した控除額との差額を，第三年度の課税期間の控除対象仕入税額に加減算して行います。

❻　控除過大調整税額

　通算課税売上割合が著しく減少した場合において，調整税額を第三年度の課税期間の控除対象仕入税額から控除して控除しきれない金額がある場合には，その控除しきれない金額を申告書の控除過大調整税額の欄に記入し，第三年度の課税期間の課税標準額に対する消費税額に加算します。

調整対象固定資産の仕入れにより還付申告をしても，第三年度に還付金を返上？

そうね。でも，第三年度に追加の控除を受ける可能性もあるわ。

<table>
<tr><td>4</td><td>調整対象固定資産を転用した場合</td></tr>
</table>

参 照　消法2①十六，34，35／消令5／消基通12-4-1～2，12-5-1～2

■**Point**

■仕入れ時の処理が課税売上対応分又は非課税売上対応分なら転用の調整

---

❶　課税売上対応分から非課税売上対応分に転用した場合に調整

　個別対応方式で課税売上対応分とした調整対象固定資産を，その仕入れから3年以内に非課税売上対応分に転用した場合には，控除税額を減少させる調整を行います。

　その課税期間の控除対象仕入税額より減少させるべき額のほうが大きければ，差額は納税することになります。

❷　非課税売上対応分から課税売上対応分に転用した場合に調整

　個別対応方式で非課税売上対応分とした調整対象固定資産を，その仕入れから3年以内に課税売上対応分に転用した場合には，控除税額を増加させる調整を行います。

❸　調整税額は1年当たり$\frac{1}{3}$

　調整する税額は，1年ごとに区切って，1年当たり$\frac{1}{3}$とします。

　1年以内の転用ならその調整対象固定資産の仕入れにかかった消費税額の全部，2年以内の転用なら$\frac{2}{3}$，3年以内の転用なら$\frac{1}{3}$を調整税額として，転用した課税期間の控除対象仕入税額に加減算します。

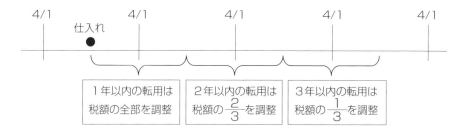

第8章

簡易課税制度

５分間レクチャー！

簡易課税制度とは

Check Point

■簡易課税は，仕入れの消費税を把握する必要がない

■売上高の１％〜６％が納税額となる

1 簡易課税は仕入れの消費税に係る手間を解決

　仕入れの消費税額の計算は，売上げの消費税額の計算より複雑です。また，自ら記録した帳簿と仕入先から受け取った請求書等の両方を保存しなければなりません。簡易課税制度は，この仕入れについての複雑な計算と帳簿書類等の保存の手間を解決するために用意された計算方法です。実際に行った仕入れには関係なく，売上げの消費税額の何割かを仕入れの消費税額とみなします。

　簡易課税制度に対して，実際の課税仕入れ等の税額による通常の計算を一般課税又は原則課税と呼んでいます。

2 控除割合は業種ごとに

　売上げの消費税額の何パーセントを仕入れの消費税にするかは，その事業の種類によって決まります。

事業の種類	みなし仕入率（仕入れとみなす割合）	納付税額の割合
卸　売　業	売上げの消費税額の90％	売上高の１％
小　売　業	売上げの消費税額の80％	売上高の２％
製 造 業 等	売上げの消費税額の70％	売上高の３％
その他の事業	売上げの消費税額の60％	売上高の４％
サービス業等	売上げの消費税額の50％	売上高の５％
不 動 産 業	売上げの消費税額の40％	売上高の６％

　たとえば，卸売業の場合は，みなし仕入率が90％なので，税込売上高が3,300万円なら，次のような計算になります。

　①　売上げの消費税（10％）……300万円

　②　仕入れの消費税額………　300万円　×　90％　＝270万円

　　　　　　　　　　　　　　　　　売上げの消費税額　　みなし仕入率

　③　納付する税額……………300万円－270万円＝30万円

　納付税額は，売上高の1％（3,000万円×1％＝30万円）です。

　事業の種類は，事業者ごとではなく，売上げごとに個別に判断します。たとえば，卸売りと小売りの両方を行っている事業者であれば，すべての売上げについて卸売りなのか小売りなのかを記録しておく必要があります。

3　簡易課税制度は中小事業者の特例

　簡易課税制度を利用できるのは，中小事業者に限られます。

　具体的には，次の2つの要件を充たす場合に適用することができます。

簡易課税制度適用の要件
①　事前に簡易課税制度を選択する旨の届出を行っている ②　中小事業者（基準期間における課税売上高が5,000万円以下）である

4　2年間の継続適用

　簡易課税は，仕入れの消費税額に係る事務手数を省き，場合によっては一般課税に比べて納付する税額が少なくなる特例です。したがって，簡易課税と一般課税とを自由に行き交うことができるとすれば，中小事業者の優遇に過ぎると考えられます。そこで，簡易課税は，一度選択すると2年間継続して適用しなければならないこととされています。

　一般課税については，このような継続適用の規定はありません。

簡易課税制度の手続き

▐Point

■適用を始めるときもやめるときも届出書の提出が必要

■届出書を提出することができない期間がある

1 選択届出の翌課税期間から適用

　簡易課税制度を適用したいときは，適用しようとする課税期間が始まる前に所轄税務署に 簡易課税制度選択届出書 を提出します。提出すると，その提出をした課税期間の翌課税期間からは，基準期間における課税売上高が5,000万円以下であれば，必ず，簡易課税制度が適用されます。

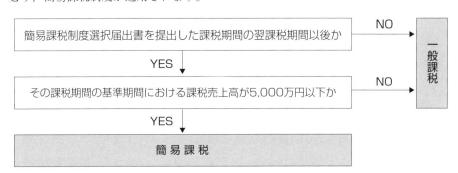

2 事業開始の場合は届出をした課税期間から適用

　法人の設立第1期から簡易課税制度を適用したいと考えた場合，その法人の設立前に届出書を提出することは不可能です。したがって，法人の設立第1期など，課税資産の譲渡等に係る事業を開始した課税期間に提出をした場合には，提出をした課税期間又はその翌課税期間のいずれかを記載して，適用開始の課税期間を指定することができます。

3　選択届出書を提出することができない課税期間

簡易課税制度選択届出書は，次のように届出ができない場合があります。

> ①　課税事業者を選択して調整対象固定資産の仕入れ等したことにより３年間課税事業者となる場合
> ②　新設法人又は特定新規設立法人が基準期間がない課税期間において調整対象固定資産の仕入れ等したことにより３年間課税事業者となる場合
> ③　高額特定資産の仕入れ等をした場合

> その調整対象固定資産等の仕入れ等の課税期間から簡易課税を適用する場合を除き，
> その調整対象固定資産等の仕入れ等の日の属する課税期間の初日から
> ３年を経過する日の属する課税期間の初日以後でなければ提出することができない。

4　不適用の手続き

簡易課税制度をやめて一般課税にしたいときは，簡易課税制度選択不適用届出書を所轄税務署に提出します。簡易課税制度選択不適用届出書を提出した課税期間の翌課税期間から簡易課税制度は適用がなくなります。

5　簡易課税は２年しばり

簡易課税制度選択不適用届出書は，適用を開始した課税期間の初日から２年を経過する日の属する課税期間の初日以後でなければ提出することができません。したがって，簡易課税制度を選択すると，基準期間における課税売上高が5,000万円以下である限りは，２年間継続して簡易課税制度を適用することが強制されることになります。

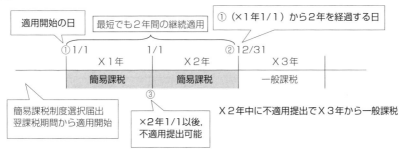

2　簡易課税による控除対象仕入税額の計算

参　照　消令57／消基通13−1−6，13−2−1〜10，平28改正法附則11の2

■**Point**
■課税売上げは6種類の事業に分類する

簡易課税制度は，売上げの消費税額の一定割合を控除対象仕入税額とするものです。この一定割合をみなし仕入率といいます。

$$
\boxed{控除対象仕入税額} = \left(\begin{array}{l} \quad 売上げの消費税 \\ \triangle \quad 売上値引きの消費税 \\ + \quad 貸倒回収の消費税 \end{array}\right) \times みなし仕入率
$$

みなし仕入率は，6つの事業に区分して定められています。

事業区分	みなし仕入率	該当する事業
第1種事業	90%	卸売業…他の者から購入した商品をその性質，形状を変更しないで他の事業者に対して販売する事業
第2種事業	80%	小売業…他の者から購入した商品をその性質，形状を変更しないで販売する事業で第1種事業以外のもの
第3種事業	70%	農業，林業，漁業，鉱業，建設業，製造業（製造小売業を含む），電気業，ガス業，熱供給業及び水道業 （第1種事業，第2種事業に該当するもの及び加工賃その他これに類する料金を対価とする役務の提供を除く）
第4種事業	60%	他のいずれにも該当しない事業 （第3種事業から除かれる加工賃その他これに類する料金を対価とする役務の提供を行う事業，飲食店業など）
第5種事業	50%	運輸通信業，金融業，保険業，サービス業 （飲食店業，第1種事業から第3種事業までの事業に該当する事業を除く）
第6種事業	40%	不動産業 （不動産貸付け，不動産仲介，不動産管理など）

※　第3種事業，第5種事業及び第6種事業は，おおむね，日本標準産業分類の大分類によります。

※　農業，林業，漁業のうち，飲食料品の譲渡を行う事業は，第2種事業となります。

（事業区分のフローチャート）

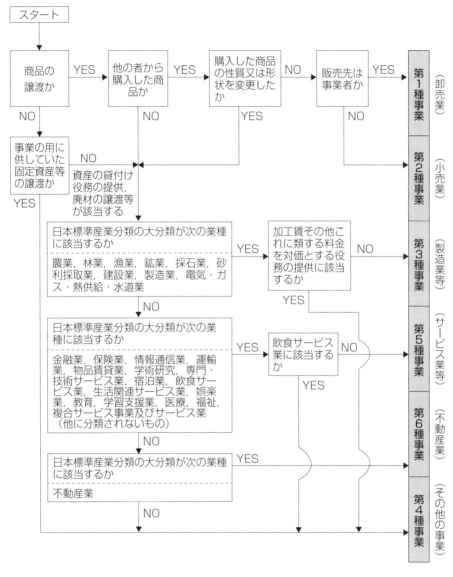

※　飲食サービス業のうち，持ち帰り・配達飲食サービス業に該当するものについて
は，その業態等により第2種事業又は第3種事業に該当するものがあります。

（注）1　課税資産の譲渡等からは輸出免税等の適用により消費税が免除されるものを除きま
す。

（注）2　固定資産等とは，建物，建物附属設備，構築物，機械及び装置，船舶，航空機，車両及び運搬具，工具，器具及び備品，無形固定資産のほかゴルフ場利用株式等をいいます。

（フローチャートの使用に当たっての留意事項）

1　このフローチャートは，事業区分判定に当たっての目安です。

2　事業区分は原則として資産の譲渡等ごと，すなわち取引単位ごとに判定し，それぞれ第一種事業から第六種事業のいずれかに区分することとなります。

　　したがって，それぞれの取引ごとにこのフローチャートにあてはめて判定する必要があります。

（注）　個々の判定は社会通念上の取引単位を基に行いますが，資産の譲渡等と役務の提供とが混合した取引で，それぞれの対価の額が区分されている場合には，区分されたところにより個々の事業の種類を判定することとなります。

3　「商品の性質又は形状を変更したか」どうかの判定上，例えば，次のような行為は，性質及び形状を変更しないものとして取り扱われます。

　⑴　商標，ネーム等を添付又は表示

　⑵　複数の商品（それ自体販売しているもの）の詰め合わせ

　⑶　液状等の商品の販売用容器への収容

　⑷　ガラス，その他の商品の販売のために行う裁断

（出所）　国税庁ホームページ

3　複数の事業を営んでいるときの計算

参　照　消令57／消基通13-1-6，13-3-1～2，13-4-1～2

Point
■事業ごとにそれぞれのみなし仕入率を適用
■75%ルールで簡単計算

1　事業区分は売上げごとに判定

事業の区分は，事業者ごとではなく，売上げごとに判定します。

2　売上げごとにそれぞれのみなし仕入率を適用

その課税期間に1つの事業区分の売上げだけが発生していれば簡単ですが，通常は，複数の事業区分が生じるものです。その場合は，事業の種類ごとにみなし仕入率を適用して控除対象仕入税額を計算します。

【計算例】

当期の課税売上げ（税抜き）	第1種（卸売業）	2,000,000円
	第2種（小売業）	34,000,000円
	第5種（サービス業等）	9,000,000円
	合　計	45,000,000円

手順1　売上げごとの消費税額を計算

第1種（卸売業）	2,000,000円×10%＝	200,000円
第2種（小売業）	34,000,000円×10%＝	3,400,000円
第5種（サービス業等）	9,000,000円×10%＝	900,000円
売上げの消費税額の合計		4,500,000円

＊　実際の申告では7.8%部分を先に計算して2.2%の地方消費税は後で計算しますが，便宜上10%で計算しています。

手順2 それぞれのみなし仕入率により控除税額を計算

第1種（卸売業）　　　200,000円×90％＝　　180,000円

第2種（小売業）　　3,400,000円×80％＝2,720,000円

第5種（サービス業等）　900,000円×50％＝　　450,000円

売上げの消費税額にみなし仕入率を乗じた額の合計額　3,350,000円←控除税額

3　貸倒れの回収があるとき

貸倒れの回収があるときは，次の計算式で計算します。

$$\boxed{\begin{array}{c}\text{控除対象}\\\text{仕入税額}\end{array}} = \left(\begin{array}{c}\text{売上げの消費税}\\-\text{売上値引きの消費税}\\+\text{貸倒回収の消費税}\end{array}\right) \times \frac{\text{売上げの消費税額に各事業の}\\\text{みなし仕入率を乗じた額の合計額}}{\text{売上げの消費税額の合計額}}$$

4　75％ルールで簡単計算

　複数の事業となる売上げが発生していても，1つの事業の売上高が全体の75％以上であるときは，その75％以上の売上高となる事業のみなし仕入率を全体にあてはめて計算することができます。

　上記の計算例に75％ルールを適用すると，次のようになります。

【1つの事業で75％以上】

75％ルール適用の確認

$\dfrac{\text{第2種（小売業）34,000,000円}}{\text{合計　45,000,000円}} \geqq 75\%$（75％ルールを適用）

控除税額（第2種事業のみなし仕入率を全体に適用）

　4,500,000円×80％＝3,600,000円

　原則的な計算よりも簡単で，控除税額は250,000円増えました。

　また，2つの事業の売上高が全体の75％以上であるときは，その2つのうち低いほうのみなし仕入率をその2つ以外の売上げにもあてはめて計算することができます。

【2つの事業で75％以上】

75％ルール適用の確認

$$\frac{第1種(卸売業)2,000,000円＋第2種(小売業)34,000,000円}{合計　45,000,000円} \geqq 75\%$$

（75％ルールを適用）

控除税額 （第2種事業のみなし仕入率を第1種事業以外に適用）

200,000円×90％＋（4,500,000円－200,000円）×80％

＝3,620,000円

※　貸倒れの回収があるときは，前頁の**3**の計算式にあてはめて計算します。

　1つの事業について75％ルールを適用するよりもやや計算は複雑になりますが，控除税額はさらに20,000円増えました。

5 事業区分の方法

　事業区分は，帳簿に記帳するなど，次のような方法で記録します。

事業区分の記録方法
・　売上帳等に売上げの種類を記録
・　納品書，請求書，売上伝票，レジペーパー等に売上げの種類を記録
・　事業場ごとに単一の事業を行っているときは売り上げた事業場で判断

6 区分していなければ不利な結果に

　複数の事業区分となる売上げがあるにもかかわらず，その事業区分を記録していない場合には，その課税期間中に発生した事業区分のうち，最も低いみなし仕入率の事業に分類されます。

簡易課税は，課税売上げの事業区分が必要です

4 選択の判断

> **■Point**
> ■選択の判断は事務手数と納付税額，２年間の継続適用にも注意が必要

　簡易課税制度を選択した場合，売上げの消費税額からダイレクトに納付する税額を計算するため，実際の仕入れについての課否判定や売上げとの対応関係を考える必要はなく，帳簿及び請求書等の保存についてもフリーになります。

　ただし，仕入れの消費税額の計算に必要はなくても，事業を行っている限り帳簿等は必要です。また，簡易課税制度を適用するためには，売上げについての事業区分を行わなければなりません。複数の事業を営んでいる場合には，実際の仕入れの消費税額を計算するより，課税売上高の区分のほうが手数がかかる可能性もあります。

　納付する税額についても，みなし仕入率が実際の控除額の割合を上回っていればラッキーですが，必ずしもそうであるとは限りません。たとえば，多額の設備投資をした場合などは，一般課税であれば還付申告となるときでも，簡易課税では，売上げの発生に応じて納付する税額が計算されます。

　また，２年間継続適用の規定にも注意が必要です。

簡易課税制度選択の判断のポイント	
事　務　手　数	一般課税……仕入れについての判断と帳簿及び請求書等の保存が必要 簡易課税……売上げについての事業区分が必要
納　付　税　額	みなし仕入率と実際の控除額の割合とはどちらが高いか 設備投資の予定を考慮したか
２年間継続適用	２年間の事業の見通しが立っているか

第9章

課税事業者と
　　　免税事業者

５分間レクチャー！

課税事業者と免税事業者

> **Check Point**
> ■事業の規模が小さいときは申告も納付も必要ない免税事業者
> ■免税事業者の判定は前々事業年度及び前事業年度上半期の課税売上高で

1 免税事業者と課税事業者

消費税はすべての事業者が納税義務者となるのが原則ですが，事業規模の小さい事業者については，その納税義務を免除する制度があります。

納税義務を免除された事業者を「免税事業者」といい，納税義務が免除されない事業者を「課税事業者」といいます。

免税事業者となるか，課税事業者となるかは，事業年度単位で判断します。

2 判定は前々事業年度及び前事業年度上半期の売上高で

免税事業者になるかどうかは，前々事業年度及び前事業年度上半期６ヶ月間の課税売上高が1,000万円以下であるかどうかによって判断します。その課税期間の課税売上高は関係ありません。

3 免税事業者は還付申告ができない

免税事業者は，申告及び納税が免除され，たとえ還付税額が計算される場合でも還付申告をすることはできません。免税事業者が還付申告をしたいときは，事前に課税事業者となることを選択しておく必要があります。

4 課税事業者の選択は継続適用

課税事業者を選択すると，一定期間（２年から４年）は，継続して課税事業者として申告することとされています。

1 事業者は納税義務者

参照　消法2①三・四・七，3，5①，9，9の2／消基通1−1−1，1−2
−1〜5，1−3−1〜2，4−1−1〜3

■Point

■消費税の納税義務者は法人と個人事業者

---

1 消費税の納税義務者は法人と個人事業者

消費税の納税義務者は，法人と個人事業者です。

2 法人はすべて納税義務者

法人とは，法律によって人格が与えられた社団又は財団をいいます。たとえば，株式会社は会社法によって，一般社団法人は一般社団法人及び一般財団法人に関する法律によって，宗教法人は宗教法人法によって，法人となります。どのような法律を根拠にしているかにかかわらず，法人は，消費税の納税義務者となります。

また，法人格のない研究会や同好会，ＰＴＡ等が組織として行動する場合には，「人格のない社団等」に該当し，税法上は法人として取り扱われます。

3 個人事業者の範囲は広い

所得税では，事業所得を生ずる商売を行っている人を事業所得者といいます。

消費税でいう個人事業者の範囲は，これよりも広い概念です。事業所得を生ずる事業のほか，不動産所得や雑所得に区分されるものであっても，継続・独立・反復して行う商行為等は事業であり，その規模に関係なく個人事業者となります。

4 事業者免税点制度がある

消費税には，小規模事業者の事務負担を配慮して，事業者免税点制度が設けられています。納税義務を免除された事業者を「免税事業者」といい，これに対し，納税義務が免除されない事業者を「課税事業者」といいます。

2 免税事業者の判定

参 照 消法2①十四，9～12の4

> ■**Point**
> ■基準期間における課税売上高と特定期間における課税売上高
> ■基準期間がない法人については，新設法人又は特定新規設立法人の判定

1 法人の納税義務

法人について，消費税の納税義務が免除されるかどうかは，次により判定します。

> ① 基準期間における課税売上高 と 特定期間における課税売上高 の両方が
> 1,000万円以下であれば，免税事業者となります。
> ② 法人の設立当初（基準期間がない課税期間）においては，新設法人 （期首
> の資本金の額が1,000万円以上）又は 特定新規設立法人 （課税売上高が5
> 億円を超える法人等に支配されている）に該当すれば課税事業者となります。

※ 法人が合併や分割等により事業を承継した場合には，特別な判定を行う必要があります。

2 個人事業者の納税義務

個人事業者について，消費税の納税義務が免除されるかどうかは，次により判定します。

> 基準期間における課税売上高 と 特定期間における課税売上高 の両方が
> 1,000万円以下であれば，免税事業者となります。

※ 個人事業者が相続により事業を承継した場合には，特別な判定を行う必要があります。

3 課税事業者を選択した場合

法人，個人事業者，いずれであっても，課税事業者を選択している場合は，必ず，課税事業者となります。

3　基準期間における課税売上高

参　照　消法2①十三，十四，9①／消令19／消基通1－4－1～6，1－5－1～13

> **■Point■**
> ■ 「基準期間」は前々事業年度
> ■ 「基準期間における課税売上高」は課税売上高＋免税売上高

1　「基準期間」は前々事業年度

個人事業者の「基準期間」は，その年の前々年です。

法人の「基準期間」は，その事業年度の前々事業年度です。

※　事業年度とは，法人税法に規定する事業年度であり，消費税は，原則として，事業年度を課税期間としています。ただし，消費税には，課税期間を1ヶ月ごと又は3ヶ月ごとに短縮する特例があります。この特例が納税義務の判定に影響しないよう，基準期間は，事業年度をベースに定められています。

※　前々事業年度が1年でない場合は，その事業年度開始の日の2年前の日の前日から同日以後1年を経過する日までの間に開始した各事業年度を合わせた期間が基準期間となります。

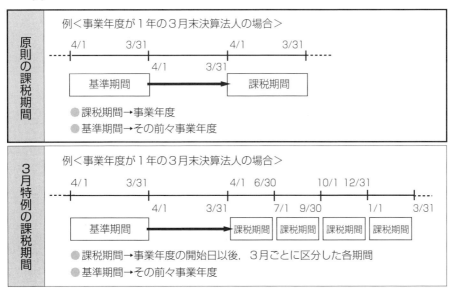

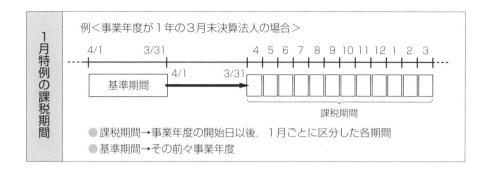

例＜事業年度が１年の３月末決算法人の場合＞

基準期間

課税期間

●課税期間→事業年度の開始日以後，１月ごとに区分した各期間
●基準期間→その前々事業年度

❷ 「基準期間における課税売上高」は課税売上高＋免税売上高

「基準期間における課税売上高」は，基準期間中の課税売上高と免税売上高の合計額です。免税売上げは，課税標準額の計算以外は，いつも課税売上高と同じ扱いです。

| 基準期間における課税売上高 | ＝ | 課税売上高＋免税売上高 |

※ 売上げ対価の返還等は，売上高から控除します。
※ 法人の基準期間が１年でない場合は，12ヶ月相当額に換算します。

申告納税の義務が
あるかどうかは
基準期間及び特定期間
の売上高で判定

納付する税額は，その課税期間の売上げと仕入れで計算

4 特定期間における課税売上高

参　照　消法9の2／消令20の4～20の6／消規11の2／消基通1－5－23

■Point■
■ 「特定期間」は前事業年度の上半期6ヶ月間
■ 「特定期間における課税売上高」は給与額でもOK

1 「特定期間」は前事業年度の上半期6ヶ月間

法人の「特定期間」は，その事業年度の前事業年度開始の日以後6月の期間です。

ただし，1年決算法人では，前事業年度が7ヶ月以下の場合は，特定期間はないものとされます。

※　1年決算法人が連続して決算期を変更した場合や，設立第1期又は第2期において事業年度を変更した場合には，前々事業年度が特定期間になることがあります。

個人事業者の「特定期間」は，その年の前年1月1日から6月30日までの期間です。

2 「特定期間における課税売上高」は給与額でもOK

「特定期間における課税売上高」は，「基準期間における課税売上高」と同じく，特定期間中の課税売上高と免税売上高の合計額です。

ただし，特定期間中に支払った給与等の合計額をもって「特定期間における課税売上高」とすることができます。

新設法人の判定

参　照　消法12の2／消令25／消基通1－5－15，1－5－16～20

■Point

■ 「基準期間」がない法人は資本金による判定を

　法人の設立第1期及び第2期においては，基準期間が存在しません。

　法人の基準期間がない課税期間で，期首における資本金の額が1,000万円以上ある事業年度は納税義務が免除されません。

法人の基準期間がない課税期間	→	その事業年度開始の日の資本金の額が1,000万円以上であれば免除されない

　特定期間における課税売上高が1,000万円以下となっていても，期首における資本金の額が1,000万円以上であれば課税事業者となります。

　基準期間がなく，その事業年度開始の日の資本金の額が1,000万円以上である法人を 新設法人 といいます。

－新しく設立した法人－

① 第1期は資本金で判断。
② 第2期は資本金と特定期間で判断。
　だけど第1期が7ヶ月以下なら特定期間はなしね。

株主等が法人である場合や事業を行っていた個人である場合には，次頁の特例があります。

6　特定新規設立法人の判定

参　照　消法12の3／消令25〜25の4／消基通1－5－15の2

> ■**Point**
> ■課税売上高5億円超の事業者に支配される特定新規設立法人の特例

　新規設立法人の資本金の額が1,000万円未満である場合においても，その新規設立法人が，5億円超の課税売上高の実績を有する事業者に直接又は間接に支配されるもの（「特定新規設立法人」といいます）であるときは，その設立当初2年間については，資本金1,000万円以上の法人と同様に，納税義務が免除されません。

課税事業者の選択

参照 消法9④〜⑨, 12の2②, 12の3③, 37③／消令20〜20の3, 56／消規11／消基通1－4－6〜8, 1－4－10〜17, 1－5－21〜22, 11－1－7

■Point

■免税事業者は納付の必要がないが還付も受けられない

■課税事業者になるのも免税事業者に戻るのも届出をした次の課税期間

■課税事業者を選択すると2年〜4年の継続適用が強制される

❶ 免税事業者は納付の必要がないが還付も受けられない

免税事業者は, 申告も納付も必要ありません。申告の必要がないということは, 申告することができないということです。仮に, 多額の設備投資があり, 売上げの消費税額よりも仕入れの消費税額のほうが多い場合でも, 還付申告はできません。免税事業者が還付を受けたいときは, 課税事業者となることを選択することができます。

❷ 選択届出の翌課税期間から課税事業者

課税事業者になりたいときは, 課税事業者になりたい課税期間が始まる前に所轄税務署長に 課税事業者選択届出書 を提出します。 課税事業者選択届出書 を提出すると, その提出した課税期間の翌課税期間から課税事業者となります。

なお, 課税資産の譲渡等に係る事業を開始した課税期間に提出した場合には, 提出した課税期間から課税事業者になることもできます。

❸ 不適用届出の翌課税期間から免税事業者

課税事業者の選択をやめて免税事業者に戻りたいときは, 所轄税務署長に 課税事業者選択不適用届出書 を提出します。提出した課税期間の翌課税期間から, 通常の判定となります。

❹ 課税事業者選択は2年しばり

課税事業者の選択は, 事業者の任意です。ただし, 免税事業者, 課税事業者の区分

をうまく行き交って還付申告だけをとるということを防止するために，いったん課税事業者を選択すると，2年間は免税事業者に戻ることができないこととされています。具体的には，課税事業者選択不適用届出書 の提出の制限です。課税事業者選択不適用届出書 は，課税事業者となった課税期間の初日から2年を経過する日の属する課税期間の初日以後でなければ提出することができません。これによって，課税事業者の選択は，2年間の継続適用となります。

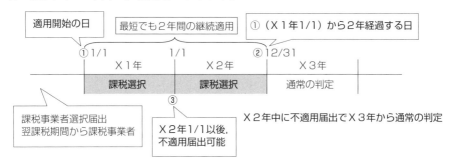

5　調整対象固定資産の仕入れがあるとそこから3年しばり

上記の2年間継続適用の期間内に，調整対象固定資産（1個100万円以上の固定資産）の課税仕入れ等をして一般申告をした場合は，課税事業者選択不適用届出書 は，その調整対象固定資産の仕入れ等の課税期間の初日から3年を経過する日の属する課税期間の初日以後でなければ提出できないことになります。

結果として，その調整対象固定資産の仕入れ等の課税期間から，さらに3年間の継続適用が強制されます。

この継続適用期間においては，簡易課税制度を選択することはできません。

6　資本金基準等により課税事業者となる場合も3年しばり

新設法人 又は 特定新規設立法人 がその基準期間がない課税期間において，調整対象固定資産の仕入れ等をして一般申告をした場合には，その仕入れ等から3年間は免税事業者となることはできず，簡易課税制度を適用することもできません。

8 高額特定資産の仕入れ等をした場合

参 照 消法12の4／消令25の5，25の6／消基通1－5－24

■Point

■高額特定資産の仕入れ等をして一般課税で申告した場合は，3年間は一般申告が続く

「高額特定資産」とは，一の取引の単位につき，支払対価の額が税抜1,000万円以上の棚卸資産又は調整対象固定資産をいいます。

※　通常一組又は一式をもって取引の単位とされるものである場合には，その一組又は一式の金額で判断します。

※　1,000万円以上の判定は，その資産の価額によります。購入のために要する引取運賃，荷役費等又はその資産を事業の用に供するための付随費用の額は，支払対価の額に含まれません。

高額特定資産の仕入れ等（高額特定資産の保税地域からの引取りを含みます）をして，一般課税で申告した場合には，その課税期間の初日から3年間は，事業者免税点制度及び簡易課税制度の適用はなく，一般課税による申告をしなければなりません。

【事業年度が1年の3月末決算法人である場合】

*x*1.4/1～*x*2.3/31	*x*2.4/1～*x*3.3/31	*x*3.4/1～*x*4.3/31
一般課税		

高額特定資産の仕入れ等　*x*4年3月31日まで，事業者免税点制度及び簡易課税制度の適用なし

9　納税義務の判定は複雑

> ■Point■
> ■事業者自身が事前に判定できるように過去の実績を基準としている
> ■大規模の事業者が免税事業者とならないよう様々な特例が設けられている

1　小規模事業者の事務負担に配慮して設けられた制度

事業者免税点制度は，小規模事業者の事務負担に配慮するために設けられています。

小規模事業者は納税額が少額であり税収への影響が少ないことから，納税義務の免除によって，税務執行のコストを節減することができるというメリットもあります。

2　事業者自身が事前に判定できるように過去の実績を基準としている

小規模事業者であるかどうかは，原則として，基準期間における課税売上高が1,000万円以下であるかどうかにより判断します。

事業規模の測定を課税売上高によって行うならば，その課税期間において生じた課税売上高を見るべきと考えられますが，しかし，納税義務の有無は，「その課税期間」でなく，「基準期間」という過去の課税売上高により判定することとされています。これは，消費税は事業者が販売する商品やサービスの価格に含まれて転嫁していくものであることから，また，課税事業者となる場合には法に定められた帳簿の記載を行うこととなることから，その課税期間に課税事業者となるかどうかを，特に免税事業者から課税事業者となる場合には，事業者自身が事前にこれを予知しておく必要があるため，と説明されています。

このような理由から，消費税の納税義務の有無は，その課税期間の課税売上高の大きさに関係なく，過去の課税売上高により判定することとされています。

そのため，制度の趣旨に反して，現時点の課税売上高が大きい事業者が免税事業者となってしまうことを防止するため，様々な特例が設けられており，相当に複雑な制度となっています。

第 10 章

申告と納税

５分間レクチャー！

申告と納税

> 📎 **Check Point**
> ■課税期間ごとに２ヶ月以内に申告納税
> ■期限に遅れたら無申告加算税

1️⃣ 課税期間ごとに２ヶ月以内に申告納税

　消費税の課税事業者は，課税期間ごとに，２ヶ月以内に申告及び納税をしなければなりません。

　資本金１億円以上の法人は，令和２年４月１日以後に開始する課税期間から，インターネットを利用した電子申告が義務となります。

2️⃣ 期限に遅れたら無申告加算税

　申告期限に申告書の提出がない場合は，無申告加算税が課税されます。

　たとえ１日遅れで提出した場合であっても，期限内に申告がなかったのですから，災害等のやむを得ない理由がない限り，無申告加算税は免れません。

　また，期限内に納付しない場合は，納付の日までの期間に応じた延滞税が課税されます。

3️⃣ 間違えた申告をしたら修正申告と更正の請求

　提出した申告書が間違えていた場合，納付する税額を増額する訂正は，修正申告により確定します。減額する訂正は，更正の請求を行い，税務署の減額更正処分を待つことになります。

1

納付する税額の計算期間

参　照　消法2①十三，19，45／消令41／消規13／消基通3-1-1～2，3-2
-1～6，3-3-1～4／法法13～14

■Point

■課税期間は事業年度

■1ヶ月ごと又は3ヶ月ごとに短縮することも可能

1　課税期間は事業年度

納付する税額を計算するための期間を「課税期間」といいます。

消費税の課税期間は，原則として，法人税法上の事業年度と同じです。

個人事業者の課税期間は，所得税と同じ暦年です。

区　　分	課税期間の原則
法　　人	事業年度（法人税と同じ）
個人事業者	暦年（1月1日から12月31日まで，所得税と同じ）

2　1ヶ月短縮と3ヶ月短縮

消費税の課税期間は，その事業年度開始の日から1ヶ月ごと又は3ヶ月ごとに区切って短縮することができます。

個人事業者は，1月1日から1ヶ月ごと又は3ヶ月ごとに区切ります。

課税期間の短縮は，所轄税務署長へ　課税期間特例選択届出書　を提出して選択します。

3　課税期間短縮は2年しばり

短縮特例により，1ヶ月又は3ヶ月となっている課税期間を原則の事業年度に戻そうとする場合には，所轄税務署長に　課税期間特例選択不適用届出書　を提出します。

1ヶ月短縮から3ヶ月短縮への変更，3ヶ月短縮から1ヶ月短縮への変更も，届出によって可能です。

ただし，1ヶ月又は3ヶ月に短縮してから，2年間継続して適用した後でなければ，原則に戻ることも，変更することもできません。

4 法人税の事業年度は変わらない

消費税で課税期間を短縮しても，法人税の事業年度は変わりません。

5 課税期間を短縮する理由

課税期間を短縮するとその分だけ申告の回数が増えて大変な手間がかかります。それなのに，なぜこの特例を選ぶのでしょうか。それは，次のような理由が考えられます。

---

① 輸出事業者が，早期に「輸出戻し税」の還付を受けたい

② 当期から課税事業者や簡易課税制度の適用を受けたい

③ 課税期間を区切ることにより，課税売上割合が高くなる

---

① 輸出事業者が，早期に「輸出戻し税」の還付を受けたい

輸出業者は経常的に「輸出戻し税」が生じるので，早く申告すれば早く還付を受けることができます。

② 当期から課税事業者や簡易課税制度の適用を受けたい

課税事業者選択届出書や簡易課税制度選択届出書は，提出の翌課税期間から適用されます。課税期間を区切れば，翌事業年度まで待たなくても，1ヶ月後には特例の適用を受けられます。

③ 課税期間を区切ることにより，課税売上割合が高くなる

課税期間を短縮すると，その短縮した期間の売上高によって課税売上割合を計算することになります。事業年度を通してみれば非課税売上げがあるけれど，1ヶ月又は3ヶ月単位で見れば，非課税売上げがほとんどない期間が生じるということもあります。このような期間に多額の課税仕入れがあれば，控除税額はそれだけ多く計算されます。

ただし，課税売上割合が著しく変動した場合の調整に注意が必要です。

	所轄税務署とは
2	参照 消法20〜25／消令42〜44／消規14／消基通2−1−1〜2，2−2−1〜2，所16

■**Point**
■所轄税務署は本店所在地の税務署

---

1 所轄税務署は納税地で決まる

消費税の申告書や届出書等は，その提出する時期の納税地を所轄する税務署に提出しなければなりません。

2 法人の納税地

法人の納税地は，本店所在地です。

3 個人事業者の納税地

個人事業者の納税地は，原則として，その住所地です。ただし，所得税において，住所地以外の居所地や事務所等の所在地を納税地として選択した場合には，消費税の納税地もその選択した居所地又は事務所等の所在地となります。

4 納付は所轄税務署か全国の金融機関，30万円以下ならコンビニ納付も

消費税は，所轄税務署の納付窓口か全国の金融機関，郵便局で納付します。税務署で納付する場合は，所轄税務署に限られ，他の税務署では受け付けてもらえません。

金融機関や郵便局で納付する場合には，専用の納付書が必要です。

納付書は，税務署から送付されますが，期限までに届かないときは連絡をすれば送付してもらえます。期限までに納付しないときは延滞税が課税されるので，早めに準備しましょう。

納付金額が30万円以下である場合には，所轄税務署が発行したバーコード付納付書により，コンビニエンスストアで納付することができます。

確定申告と納付は２ヶ月以内

■**Point**

■課税事業者は法定申告期限までに申告書を提出して納税

■還付申告は５年で無効

１　法定申告期限は２ヶ月，地方消費税とあわせて申告

　課税事業者は，法定申告期限までに，消費税の確定申告書を所轄税務署長に提出しなければなりません。消費税の確定申告書の下部には地方消費税の計算欄があり，地方消費税も一緒に申告します。

　申告期限は，税金を納付する期限でもあります。

法定申告期限 法定納期限	法　　　人　…　課税期間の末日の翌日から２月以内
	個人事業者　…　翌年３月31日まで

　消費税の申告義務があるのに，期限までに申告書を提出しなければ，税務署が納付する税額を決定します。

２　還付申告は５年で無効になる

　課税事業者は，還付申告をすることができます。ただし，その課税期間の末日から５年をもって，還付申告の権利がなくなります。

３　紙による提出と電子申告

　確定申告書は，所轄税務署に持参又は郵送して提出します。持参する場合には持参した日が，郵送の場合には消印の日が申告の日となります。また，インターネットを利用して電子申告を行うこともできます。

　なお，資本金の額が１億円を超える法人は，令和２年４月１日以後開始する課税期間から電子申告が義務となります。

4　修正申告と更正の請求

参　照　通則法19，23／消法54～56／消基通15-3-1

Point
■税額を増やす修正は「修正申告」

■税額を減らす修正は「更正の請求」

1　申告後に間違いを発見したとき

確定申告書を提出した後に，その内容に間違いを発見したときは，修正申告又は更正の請求により，その間違いを是正することができます。

2　税額を増やす修正は「修正申告」

確定申告書に記載した納付税額が，少なく間違っていたときは，修正申告により，税額を増やす修正を行うことができます。

3　税額を減らす修正は「更正の請求」

確定申告書に記載した納付税額を減らしたい場合は，更正の請求をします。税務署が，減額をするべきと認め，更正処分をすれば，納付税額が減少します。

更正の請求は，提出した申告書に法令の適用誤りがあった場合や計算誤りがあった場合に，その申告期限から5年間行うことができます。

また，申告や決定処分の後に，裁判の判決等により状況が変わった場合にも，更正の請求をすることができます。

しかし，一括比例配分方式を個別対応方式に変更するなど，確定申告における計算等が法令の規定に照らして誤りでないのに他の方法を選択しなおす，といったものは更正の請求の理由になりません。

加算税，延滞税，罰則

参　照　通則法18，19，60，65，66，68／措法94／消法64〜67

■**Point**■■■■■■■■■■■■■■■■■■■■■■■■■■■■■■■■■■■■■■■
■期限までに申告しなければ「無申告加算税」
■期限までに納付しなければ「延滞税」

1　期限までに申告しなければ「無申告加算税」

　申告期限を過ぎて提出した申告書を期限後申告書と呼んでいます。災害などのやむを得ない事情がない限り，制裁金（無申告加算税）がかかります。

　無申告加算税は，期限後申告書に記載した納税額の5％（税務調査の事前通知がない場合）ですが，税務調査によって無申告であることが発覚した場合や自主的に期限後申告書を提出しないため決定処分を受けた場合には，20％（50万円以下の部分は15％）になります。期限内に申告すればかからない税金ですから，注意したいものです。

2　少なく申告した場合は「過少申告加算税」

　納付税額を少なく間違えて申告してしまった場合には，修正申告により修正することができます。税務署から指摘を受けて修正した場合は，15％（期限内申告相当額又は50万円のいずれか多い方の金額までは10％）の過少申告加算税がかかります。ただし，税務調査の事前通知前に自主的に修正した場合は，課税されません。

3　仮装隠ぺいには「重加算税」，偽り不正の行為には「罰則」

　仮装隠ぺい行為があった場合には，35％又は40％の重加算税が課税されます。偽り不正の行為により税の負担を免れた場合には，罰金と懲役刑が用意されています。

　また，不正還付は未遂であっても罰則の対象となります。

4　期限までに納付しなければ「延滞税」

申告書を提出していても，期限までに納付しなければ延滞税が課税されます。

180

6 中間申告

| 参　照 | 消法42〜44，48／消規20〜21／消基通15－1－2〜11／措令46の2，46の3 |

■Point

■前課税期間の実績により中間申告の義務が発生

■中間申告額は前期実績か仮決算か

---

1 前課税期間の実績により中間申告の義務が発生

　課税事業者は，前課税期間の国税である消費税の確定申告額が48万円を超える場合には，中間申告をしなければなりません。

前課税期間の確定消費税額	中間申告の義務
国税部分の6ヶ月相当額が24万円以下 （年税額48万円以下）	義務なし （六月中間申告を行うことができる）
国税部分の6ヶ月相当額が24万円超200万円以下 （年税額48万円超400万円以下）	六月中間申告 （年1回）
国税部分の3ヶ月相当額が100万円超1,200万円以下 （年税額400万円超4,800万円以下）	三月中間申告 （年3回）
国税部分の1ヶ月相当額400万円超 （年税額4,800万円超）	一月中間申告 （年11回）

2 中間申告期限は2ヶ月以内

　中間申告の期限は，それぞれの中間申告対象期間（期首から1ヶ月ごとの一月中間申告対象期間，期首から3ヶ月ごとの三月中間申告対象期間，期首から6ヶ月の六月中間申告対象期間）の末日の翌日から2月以内です。

　ただし，最初の一月中間申告対象期間は，確定申告期限の前にその中間申告対象期間の末日が来るので，翌月の申告期限と同じになります。

3 中間申告額は前期実績か仮決算

中間申告額は，前期の確定申告額の実績を基礎に計算します。

ただし，中間申告対象期間について仮決算を組んで計算した税額を中間申告額とすることもできます。

区　　　分	中間申告額（いずれか選択）	
	前　期　の　実　績	仮　　決　　算
六月中間申告（年1回）	前期の確定申告額の6ヶ月相当額	6ヶ月間の仮決算による税額
三月中間申告（年3回）	前期の確定申告額の3ヶ月相当額	3ヶ月間の仮決算による税額
一月中間申告（年11回）	前期の確定申告額の1ヶ月相当額	1ヶ月間の仮決算による税額

中間申告で納付した税額は，確定申告の際に精算します。仮決算を組んで還付税額が算出された場合には中間申告額は0となります。中間での還付申告はできません。

4 みなし中間申告

中間申告の義務のある事業者が，申告期限までに中間申告書を提出しなかった場合には，前期の確定申告額に基づく中間申告書を提出したものとみなされます。

したがって，中間申告について無申告となることはありません。

通常，中間申告義務がある場合には，所轄税務署から，前課税期間の確定申告額をもとに計算した中間申告額を印字した中間申告書と納付書が郵送されます。それを使用して期限までに納付すれば，中間申告の手続きが完了します。

みなし申告の取扱いがあるので，仮決算による中間申告をしたい場合には，期限までに申告書を提出しなければなりません。

5 任意の中間申告

前課税期間の確定申告額が48万円以下である場合には，中間申告の義務はありません。ただし，消費税は，他の税にくらべて，滞納が多いことから，滞納問題の解決策として，届出書の提出により，納税者の任意で，六月中間申告を行うことができるものとされました。

任意の中間申告には，みなし中間申告の取扱いはありません。

7　税務調査

参照　通則法74の2，74の9～10／消法58／消令71／消規27／消基通17−3−1

■Point
■任意調査は事前通知が原則
■協力し，意見が違うところは主張する

1　強制調査と任意調査

税務調査は，大きく強制調査と任意調査に分けられます。

強制調査は，実質的に刑事事件に準ずるものであり，裁判所の令状をもって行われます。悪質脱税容疑者に対して，強制的に証拠物件や書類を押収する調査です。

他方，任意調査は，一般の納税者に対して，申告内容が正しいことを確認するために行われる税務調査です。脱税や不正行為の疑いがあるため行う，というものではありません。ただし，任意とはいえども，税務職員には必要な範囲で質問し，検査する権限及び帳簿等の提示又は提出を要求する権限（質問検査権）があり，調査をされる者には正当な理由なく調査を拒んだ場合の罰則が設けられています。

2　任意調査は事前に通知される

調査官が納税者や顧問税理士に対して，調査の日程や対象期間等をあらかじめ知らせることを「事前通知」といいます。

従来，事前通知を義務付ける法律はありませんでしたが，実務においては，ほとんどの場合，任意調査は事前通知の上で行われていました。

そして，平成23年11月の改正により，事前通知は国税通則法に規定され，通知される内容も，次のとおり定められました。

---

①調査の日時／②調査を行う場所／③調査の目的／④調査の対象となる税目／⑤調査の対象となる期間／⑥調査を行う帳簿書類や物件／⑦納税者の氏名及び住所／⑧調査を行う職員の氏名及び所属官署／⑨①及び②は変更が可能

事前通知の方法は定められていないので，文書による必要はなく，通常は電話連絡です。

なお，納税義務者の申告，過去の調査結果の内容，事業内容に関する情報に照らし，次の場合には事前通知がされません。

① 違法又は不当な行為を容易にし，正確な課税標準等又は税額等の把握を困難にする恐れがあると認める場合

② 調査の適正な遂行に支障を及ぼす恐れがあると認める場合

③ 協力し，意見が違うところは主張する

筆者は，25年以上税理士をしていますが，調査の最中に机をたたいて大声を出すような調査官は見たことがありません。映画の中か昔話に登場するだけです。税務署の職員は，おしなべて礼儀正しく，言葉遣いにも気をつけ，まじめに仕事をする人たちです。

調査の過程では，様々な質問や帳票等の確認が必要になります。できるだけ協力し，スムーズに進めるように配慮すれば，調査も早く終了します。和やかな雰囲気で応じ，意見が違うところははっきりと主張するのがよいでしょう。

④ 税理士の立会い

税務調査には，税理士の立会いがあれば心強いものです。

税理士は，税法だけでなく，税務職員の質問検査権の範囲，納税者に保障された権利などにも精通しています。

税務調査の立会いは，有償無償にかかわらず，税理士の資格のない者はできません。

顧問税理士がいない場合は，税理士会に相談すれば紹介してもらえます。

⑤ 調査を拒否したら

税務調査を拒否して，帳簿書類等を見せなかったらどうなるのでしょうか。

仕入税額控除を行うためには，帳簿及び請求書等を申告期限の時点で完成した形として整え，その後7年間保存しなければなりません。したがって，調査時点で帳簿等

の保存が確認できなければ，仕入税額控除が否認される可能性があります。

　調査の際の調査官の言動等に抗議するため調査を拒否した納税者に対して，仕入税額控除のすべてを否認する更正処分が行われ，その取消しを求めた裁判があります。

　最高裁判所は，税務調査に際して調査官に提示することで帳簿等の保存があったことが確認されるから，納税者が正当な理由なく帳簿等を見せなかった場合には，帳簿等の保存がなかったものとして更正処分をすることは正しい，と判断しています（最高裁平成16.12.16第一小法廷，最高裁平成16.12.20第二小法廷，最高裁平成17.3.10第一小法廷）。

　税務調査の現場では，お互い感情的になることがあります。納税者は抗議の意思を示すつもりでも，必ずしもそれに正当な理由があると認められるとは限りません。

6　従業員への質問は

　税務職員は，業務の実態の正確な把握のため従業員に直接質問をしたいという場合があります。

　税務職員が質問する事項を直接担当していた従業員は，事実関係の説明だけを行い，税務職員の誤解を招くような言動，直接携わっていない業務についての答弁，推測による答弁などは厳に慎むようにしなければなりません。

7　反面調査というのは

　税務調査では，事実関係の確認のため取引先に照会をかけることがあります。これを「反面調査」といいます。反面調査があるとわかった場合には，取引先にあらかじめ説明しておくかどうか検討してみましょう。

税務調査には税理士が立ち会います。
税理士は，納税者の権利と義務をふまえた
サポートを行います。

第11章

消費税の会計処理

5分間レクチャー！

消費税の会計処理

> **Check Point**
> ■消費税の経理処理は税込経理方式と税抜経理方式
> ■コンピュータ会計ではいずれにしても税込みで入力

1 消費税の経理処理は税込経理方式と税抜経理方式

消費税の課税の対象となる取引の経理処理には，税込経理方式と税抜経理方式とがあります。

いずれの経理方式によるかは事業者の任意です。ただし，免税事業者は，税込経理方式を適用します。

2 コンピュータ会計ではいずれにしても税込みで入力

一般に，企業の会計処理は，コンピュータを利用しているものと思われます。

総勘定元帳や決算書類は，会計ソフトに取引の仕訳を入力し，会計ソフトに自動計算をさせて出力するものです。この場合，仕訳入力が正確に行われていれば，決算書類等も適正な数値を示しているということになります。

会計ソフトの多くは，消費税の申告に必要な計数の管理を行う機能を持っているので，決算書等と同様に，仕訳の際に必要な情報を入力すれば，消費税の申告の基礎となるデータが作成されます。仕訳入力の際に税込金額で入力し，集計の指示によって，税抜経理方式でも税込経理方式でも，必要に応じた計算結果が得られます。

なお，仕入れについては，個別対応方式を適用するためには，課否判定に加えて，売上げとの対応関係を指示しておく必要があります。

1 ｜ 税込経理方式と税抜経理方式

> **Point**
> ■消費税の経理処理は税込経理方式と税抜経理方式
> ■コンピュータ会計ではいずれにしても税込みで入力

1 税込経理方式

　税込経理方式とは，対価に含まれる消費税額等を区分しないで，記帳する経理処理です。

借　　　方		貸　　　方		摘　要
勘定科目	金　額	勘定科目	金　額	
商　品　仕　入	110,000 課	買　　掛　　金	110,000	A商品仕入れ10個

借　　　方		貸　　　方		摘　要
勘定科目	金　額	勘定科目	金　額	
売　　掛　　金	220,000	商　品　売　上	220,000 課	A商品売上げ10個

2 税抜経理方式

　税抜経理方式とは，対価に含まれる消費税額等を区分し，売上げの消費税額は「仮受消費税額等」，仕入れの消費税額は「仮払消費税額等」として記帳する経理方式です。

　5分間レクチャー！　で述べたとおり，コンピュータ会計では上記❶の税込みで入力し，税抜経理の指示をするのですが，ここでは，税抜経理方式の仕訳伝票の起票を紹介しておきましょう。

借　　方		貸　　方		摘　　要
勘定科目	金　　額	勘定科目	金　　額	
商 品 仕 入 仮払消費税額等	100,000 [課] 10,000 [課]	買　掛　金	110,000	○×社より A商品仕入れ10個

借　　方		貸　　方		摘　　要
勘定科目	金　　額	勘定科目	金　　額	
売　　掛　　金	220,000	商 品 売 上 仮受消費税額等	200,000 [課] 20,000 [課]	△○社へ A商品売上げ10個

3　月末一括税抜方式・期末一括税抜方式

　月末一括税抜方式は，税抜経理方式の1つで，個々の取引については消費税額等を区分しないで，月ごとに一括して消費税額等を仮受消費税額等又は仮払消費税額等に振り替える経理処理です。

　コンピュータ会計では税込みで入力し，月ごとに税抜経理を行う指示をします。

　また，期末一括税抜方式は，税抜きにする振替を決算期末に一括して行う経理方式です。

4　地方消費税も併せて処理

　地方消費税は，必ず国税である消費税と併せて処理します。

5　固定資産等の処理は継続する

　固定資産等については，税抜経理又は税込経理のいずれにしても，選択した経理処理を継続して適用しなければなりません。

6　納付する消費税額の計上

①　税込経理方式

　税込経理方式を選択した場合は，消費税の納付税額又は還付税額は，原則として，申告書を提出した日において計上します。

【申告の日に計上】

| 月日 | 借 方 | | 貸 方 | |
	勘定科目	金 額	勘定科目	金 額
申告日	租 税 公 課	4,000,000	未払消費税額等	4,000,000

継続適用を要件として，決算において未払消費税額等を計上することもできます。

【決算において計上】

| 月日 | 借 方 | | 貸 方 | |
	勘定科目	金 額	勘定科目	金 額
決算日	租 税 公 課	4,000,000	未払消費税額等	4,000,000

なお，還付申告となる場合は，還付金の額を雑収入に計上します。

② 税抜経理方式

税抜経理方式を選択した場合は，消費税の納付税額又は還付税額は，決算において未払消費税額等又は未収消費税額等に計上します。

【納付税額の計上】

| 月日 | 借 方 | | 貸 方 | |
	勘定科目	金 額	勘定科目	金 額
決算日	仮受消費税額等	10,000,000	仮払消費税額等 未払消費税額等	6,000,000 4,000,000

【還付税額の計上】

| 月日 | 借 方 | | 貸 方 | |
	勘定科目	金 額	勘定科目	金 額
決算日	仮受消費税額等 未収消費税額等	10,000,000 2,000,000	仮払消費税額等	12,000,000

7 混 合 方 式

売上げについて税抜経理方式を適用している場合には，税込経理方式と税抜経理方式の混合方式とすることもできます。

混合方式は経理処理が煩雑となるため，採用している例は少ないといわれています。

2　納付する消費税額の計算は原則として税込対価が基礎

> **■Point■**
> ■消費税の納付税額は税込対価の額が基礎
> ■法人税の計算は経理処理によって変わる

1　消費税の納付税額は税込対価の額が基礎

　税抜経理方式においても，「消費税額の積上計算の特例」（96頁参照）を適用しない限り，消費税の納付税額は，税込対価の額をもとに計算します。

2　法人税の計算は経理処理によって変わる

　法人税の所得金額は，税抜経理方式又は税込経理方式のいずれを選択するかによって差額が生じます。

　たとえば，一時の損金とすることができる少額減価償却資産であるかどうかは，税込経理方式を採用している場合には税込みの金額により，税抜経理方式を採用している場合には税抜きの金額により判定します。

3　利益の計算と納付税額の期中把握

　税抜経理方式を行った場合には，納付すべき消費税額等が利益計算の外におかれるため，消費税に影響されない月次の利益計算を行うことができます。

　また，全額控除の場合には，納付すべき消費税額は，期中において，仮受消費税額等と仮払消費税額等の差額により，税額計算を行うことなく把握できます。

　しかし，個別対応方式又は一括比例配分方式による場合や簡易課税制度の適用がある場合の納付税額は，仮受消費税額等と仮払消費税額等の差額により把握することはできません。

3 控除対象外消費税等の取扱い

参照　法令139の4／所令182の2

■Point
- ■税抜経理方式では控除対象外消費税額等が生じる
- ■資産に係る控除対象外消費税額等は繰延消費税額等に

1 税抜経理方式では控除対象外消費税額等が生じる

　全額控除の適用がない課税期間において税抜経理方式を採用した場合は，仮払消費税額等のうち控除することができない部分が生じます。控除の対象とされない部分の税額を控除対象外消費税額等といいます。

【仮払消費税額等6,000,000円のうち1,000,000円が控除対象外となる場合】

借　　　方		貸　　　方	
勘　定　科　目	金　　額	勘　定　科　目	金　　額
仮 受 消 費 税 額 等	10,000,000	仮 払 消 費 税 額 等	6,000,000
控除対象外消費税額等	1,000,000	未 払 消 費 税 額 等	5,000,000

2 控除対象外消費税額等の一時損金処理と繰延消費税額等の計上

　控除対象外消費税額等のうち，資産に係るもの以外のものは，その事業年度の損金の額に算入します。

　また，その課税期間の課税売上割合が80％以上である場合には，資産に係る控除対象外消費税額等についても，損金経理を要件としてその事業年度の損金の額に算入することになります。

　その課税期間の課税売上割合が80％未満である場合には，資産に係る控除対象外消費税額等のうち，棚卸資産に係るもの及び20万円未満のものは，損金経理を要件として，その事業年度の損金の額に算入します。

　上記により，損金の額に算入したもの以外は，繰延消費税額等となります。

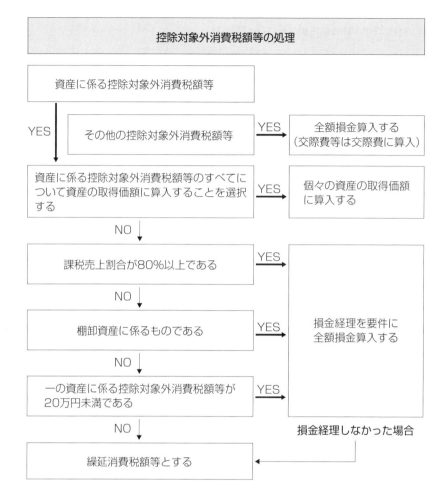

❸ 繰延消費税額等の償却

　繰延消費税額等は，これを60で除してその事業年度の月数を乗じて計算した金額の範囲内で，損金経理した金額をその事業年度の損金の額に算入します。

　ただし，初年度はその2分の1の金額が上限となります。

区　　分	繰延消費税額等の償却限度額
生じた事業年度	繰延消費税額等の額 $\times \dfrac{その事業年度の月数}{60} \times \dfrac{1}{2}$
その後の事業年度	繰延消費税額等の額 $\times \dfrac{その事業年度の月数}{60}$

第12章

組織再編，相続，
公益法人等の留意点

組織再編，相続，公益法人等の留意点

| 参 照 | 消法2①五～七，10～12，16④，17⑤，38③④，39④～⑥，45②③，46②，59，60／消令3，21～24，34～35，37～39，63，72～76／消規23／消基通1－4－12～13の2，1－5－1～13，11－1－8，13－1－2，13－1－3の2～3の4，15－1－1，15－5－1，16－1－1～3－5，17－2－1～3 |

■**Point**■■■■■■■■■■■■■■■■■■■■■■■■■■■■■■■■■■■■
■事業を承継した場合の特別な取扱い
■公益法人等の特別な取扱い

1　法人の組織再編があった場合は特別の規定

　法人は，合併や分割等により，組織再編を行うことがあります。法人が組織再編により事業を承継した場合には，被合併法人等の申告義務を承継し，その納税義務の免除の判定については，特別の規定が設けられています。売上対価の返還等に係る税額控除，貸倒れの税額控除，工事進行基準の適用等についても，事業の承継に係る注意が必要です。また，法人の新設分割については簡易課税制度の適用上限の判定の特例が，法人の合併については中間申告の特例が設けられています。

2　相続があった場合は特別の規定

　個人事業者について相続があった場合には，相続人は被相続人の申告義務を承継します。相続により事業を承継した相続人については，納税義務の免除の判定など特別の規定が設けられています。

3　公益法人等の特別な取扱い

　公益法人等や人格のない社団等も他の法人と同様に消費税の納税義務者です。

　また，公益法人等や人格のない社団等は，補助金や会費などの不課税となる収入によって課税仕入れを行うことが予定されていることから，売上げの消費税額が少なく仕入れの消費税額ばかりが生じることになります。したがって，他の営利法人と同様に控除対象仕入税額を計算するのは，適当ではないと考えられ，仕入税額控除を制限する特例が設けられています。

　この仕入税額控除を制限する計算は，非常に複雑なものとなっています。

第13章

輸入の消費税

輸入の消費税

| 参　照 | 消法2①二・十・十一・十八，4②⑥，5②，6②，26，28④，29，30①，
30⑨三，47，50，51，別表第二／消令7，49⑤／消規24，25／消基通5－
6－1～6，15－4－1～6／輸徴法13 |

■Point

■課税貨物を引き取る者は関税とセットで消費税の申告

1　輸入貨物はすべて課税の対象

　外国から日本国内に運び込まれた貨物は，保税地域に陸揚げされ，輸入の許可を受けて引き取られます。保税地域から外国貨物を引き取ることを「輸入」といいます。

　輸入した貨物は，その後，国内で消費されると考えられるため，消費税の課税の対象とされています。ただし，貨物の種類によって，非課税又は免税となるものがあります。

非課税貨物	免税貨物	課税貨物
有価証券等，郵便切手類，印紙，証紙，物品切手等，身体障害者用物品，教科書	携帯品，引越荷物，慈善・救じゅつ用の寄贈物品，外交官用貨物，再輸出免税貨物等	非課税貨物又は免税貨物でないもの

2　輸入に納税義務の免除はない

　外国貨物を引き取る者は，事業者であるかどうかにかかわりなく，すべて納税義務者となり，税関において，関税と併せて消費税の申告・納付を行います。

　国内取引の消費税のような事業者免税点制度はありません。

3　輸入の消費税は仕入税額控除

　事業者が税関で納付した消費税は，国内取引の消費税の計算上，仕入れの消費税額の基礎となります。

著者紹介

金井　恵美子（かない・えみこ）

税理士，近畿大学大学院法学研究科非常勤講師。全国の税理士会や研修機関の講師を務める。

著書に，『実務消費税ハンドブック』コントロール社，『消費税軽減税率の直前チェック』中央経済社，『消費税の実務事例Q&A』税務経理協会，『徹底解説！消費税軽減税率150問150答』『プロフェッショナル消費税』『演習消費税法（全国経理教育協会テキスト）』清文社，『消費税中小事業者の特例パーフェクトガイド』ぎょうせい，ほか多数。

論文に，「所得税法第56条の今日的存在意義について」（第26回日税研究賞入選），「所得税法における損失の取扱いに関する一考察」税法学566号，「税率構造〜軽減税率の法制化を踏まえて」日税研論集70号（消費税の研究），「最低生活費への課税とユニバーサル定額給付〜消費税が奪った最低生活費をどう償うか」税法学581号，ほか多数。

著者との契約により検印省略

平成25年3月25日　　初版第1刷発行	
平成25年11月11日　　初版第3刷発行	
平成26年3月20日　　改　訂　版　発　行	
平成27年10月30日　　第　三　版　発　行	
平成27年11月30日　　第三版第2刷発行	
令和2年1月30日　　第　四　版　発　行	

「できる！」経理担当者入門

一夜漬け消費税
〔第4版〕

著　　者	金　井　恵美子	
発　行　者	大　坪　克　行	
印　刷　所	税経印刷株式会社	
製　本　所	牧製本印刷株式会社	

発　行　所　〒161-0033 東京都新宿区下落合2丁目5番13号　株式会社 税務経理協会

振　替　00190-2-187408
FAX　（03）3565-3391
電話　（03）3953-3301（編集部）
　　　（03）3953-3325（営業部）
URL　http://www.zeikei.co.jp/
乱丁・落丁の場合は，お取替えいたします。

© 金井恵美子　2020　　　　　　　　　　　　Printed in Japan

ISBN978-4-419-06652-9　C3032